建院60周年

蕙南文库

总主编◎王志强

# 遮蔽与释放

## 长春建筑遗产价值的阐释与传播研究

张朝阳　宋伟宏◎著

黑龙江人民出版社

**图书在版编目(CIP)数据**

遮蔽与释放：长春建筑遗产价值的阐释与传播研究 / 张朝阳，宋伟宏著. —哈尔滨：黑龙江人民出版社，2022.12

ISBN 978-7-207-12930-7

Ⅰ. ①遮…　Ⅱ. ①张…　②宋…　Ⅲ. ①建筑物—文化遗产—研究—长春　Ⅳ. ①K928.7

中国国家版本馆CIP数据核字(2023)第001080号

**责任编辑**：姜海霞
**封面设计**：欣鲲鹏

**遮蔽与释放**
——长春建筑遗产价值的阐释与传播研究
张朝阳　宋伟宏　著

| | |
|---|---|
| 出版发行 | 黑龙江人民出版社 |
| 地　　址 | 哈尔滨市南岗区宣庆小区1号楼 |
| 印　　刷 | 黑龙江艺德印刷有限责任公司 |
| 开　　本 | 787×1092　1/16 |
| 印　　张 | 12.5 |
| 字　　数 | 200千字 |
| 版　　次 | 2022年12月第1版 |
| 印　　次 | 2022年12月第1次印刷 |
| 书　　号 | ISBN 978-7-207-12930-7 |
| 定　　价 | 48.00元 |

　举报电话：0451-82308054

# 目　　录


前　言　从一份报告到一本书 …………………………………………（1）

第一章　丰盛的遗产：长春历史建筑的沿革及现状 ………………………（1）

第二章　遗产的丰盛：长春历史建筑的价值分析 ………………………（19）

第三章　时代的递进：长春历史建筑价值的认知变化 ……………………（60）

第四章　话语的贫困：长春历史话语表述的问题及症结 …………………（82）

第五章　学会讲故事：长春城市历史表述和传播的创新 …………………（105）

结　语 ……………………………………………………………………（119）

附　录

附录一　长春街路公园新旧名称一览表 …………………………………（125）

附录二　长春市历史建筑国家、省、市保护单位一览表 …………………（129）

附录三　长春市规划和自然资源局公布历史建筑一览表 …………………（137）

附录四　长春市历史建筑名录 ……………………………………………（146）

附录五　关于长春近现代历史建筑价值认知的调查问卷及统计结果 ……………………………………………………………（152）

附录六　关于长春近现代历史建筑公众认知的调查分析报告 ……………（164）

主要参考文献 ………………………………………………………………（178）

后　记 ……………………………………………………………………（186）

# 前　言

## 从一份报告到一本书

### 一、缘由

2020 年 11 月，伪满皇宫博物院承担了长春市文广旅局委托的一项学术研究课题——为落实市委领导“深入挖掘长春优秀传统文化、传承红色基因，做好伪满建筑等历史文化遗产的文化挖掘和内容阐释”的工作部署，希望伪满皇宫博物院利用院里多年来在长春历史建筑方面积累的文献资料和学术研究成果，对伪满建筑旧址等长春近现代历史建筑的历史价值、文物价值、科学价值、艺术价值进行研究评审，最终形成可供市委市政府科学决策参考的研究报告。

伪满皇宫博物院接到任务后，责成学术研究部组建课题组，遵照市文广旅局项目委托要求，确立了“长春近现代历史建筑价值阐释及话语表述更新研究”的课题方向，以期对长春历史建筑所具有的价值进行深入挖掘和全面归纳，在此基础上进一步对如何优化和创新城市历史文化传播表达提出合理化建议。这项研究课题于 2021 年 7 月份结项，项目成果《长春近现代历史建筑价值阐释及话语表述更新研究》报告通过专家评审。此后，报告打印成册，在小范围内赠送给部分专家或相关人士审阅并征求意见和建议。这些人士基本上都对长春城市历史文化具有浓厚兴趣或专门研究，他们对报告内容给予了相当程度的肯定，认为报告抓住了长春城市历史文化建设和文旅发展的一个真实而关键的问题，这个问题值得我们更深入地展开研究，并鼓励我们持续深入研究，尽可能扩大思想交流范围，以期引发社会各界对此问题的共同关注。

本书正是在这一背景下，对原报告文本进行扩展补充而形成的。

## 二、问题

对长春近现代历史建筑的价值阐释和价值传播，为什么会成为一个需要研究的课题？在此我们想从地方、国家和国际三个层面、三个角度予以探讨和说明。

首先从课题最近最直接的缘起来说明。市文广旅局之所以委托我们开展这个研究，是因为有关方面已经清晰地意识到，在诸多场景中，当我们需要对长春历史建筑进行价值阐释和传播表达时，就会面临着某种阻碍和问题。实际上，多年以来，历届市委市政府都有领导多次向包括伪满皇宫博物院在内的相关机构和人士提出过类似咨询。这些咨询的起因都源于一个真实的，而且很难回避的问题——就是长春在进行城市历史文化形象建构和宣传推广时存在着严重的“话语困境”：只要提及长春历史，好像只有对日伪罪恶的批判揭露，除此之外几乎无话可说、乏善可陈，让人觉得长春的城市历史宣传，既没有传统文化的底蕴（因为建城历史比较短），又没有红色文化的底气（大多数知名建筑都是日伪统治时期遗留下来的），不仅听的人觉得枯燥乏味，说的人也都不好意思多说了。这种城市历史文化宣传的“内容贫困”和“表达尴尬”，长远看，对讲好城市故事、服务长春发展显然是不利的；短期看，对长春利用历史建筑遗产发展旅游业，也是一个必须正视的薄弱环节。因此，把脉长春城市历史建筑价值阐释和传播，找准问题所在，分析症结何在，提出具有针对性的有效改进措施和解决方案，对盘活长春历史建筑资源、激活长春文旅市场、促进长春高质量发展，是非常必要的。

第二个角度，就是从国家文化战略的宏观层面来看这一课题的必要性。很多人都注意到，十八大以来，文物保护利用工作被中央从坚定文化自信、为实现中华民族伟大复兴中国梦提供文化精神滋养的战略高度，赋予了空前重要的价值和地位。包括历史建筑在内的文物保护利用工作，被视为培育文化自信的基础性和战略性工程，被赋予了维系民族精神、坚定文化自信的“国之重器”角色；而发掘文物所蕴含的精神文化价值，则更是被赋予了传承弘扬中华优秀传统文化、培育社会主义核心价值观、凝聚共筑中国梦磅礴力量的历史使命。因此，最近十年来，无论是党和国家领导人在考察中的讲话，还是中央政策文件表述，都越来越频繁地提及要重视和加强对文物价值内涵的挖掘、阐释和传播。2022 年 7 月 22 日，全国文物工作会议确立了新时期的文物工作方针，从“十三五”期间的“保护为主、抢救第一、合理利用、加强管理”的十六字工作方针，变为“保护第一、加强管理、挖掘价值、有效利用、让文物活起来”的二十二字工作方针。而《“十四五”文化发展规划》《“十四五”旅游业发展规划》《“十四五”文物保护和科技创新规划》和中共中央《关于让文物活起来、扩大中华文化国际影响力的实施意见》及中共中央宣传部、文化和旅游部、国家文物局联合印发的《关于学习贯彻习近平总书记重要讲话精神　全面加强历史文化遗产保护的通知》等重要政策法规文件，都在论述文博行业要如何强化和提升对文物价值内涵的阐释和传播能力。国家强调文物的价值阐释传播，目的非常明确，就是：(1)提升中华优秀传统文化和革命文化的传播效能和博物馆的社会教育水平，“系统展示历史遗存背后蕴含的哲学思想、人文精神、价值理念、道德规范等，准确揭示蕴含其中的中华民族的文化精神、文化胸怀和文化自信”；(2)“不断提高遗产价值挖掘阐释和传播推广水平”，即以文促旅，以旅彰文，“以优秀人文资源为主干，深入挖掘和阐释其中的文化内涵，把历史文化与现代文明融入旅游业发展，提升旅游品位”，增强和丰富文旅场景中的文化内容供给，促进文旅融合发展。这两大政治经济各有侧重的目的其实是相辅相成的。中央在多种场合的反复强调也说明了，到目前为止，就全国范围内的文物保护利用而言，都普遍存在着价值阐释和传播这一弱项，所以才有了国家层面的强化要求；就长春历史建筑具体而言，正好乘此国家宏观政策之东风，补上自己长期拖欠的功课，做自己早就该做的事。

第三个角度，国际上对历史文化遗产保护的共识和一系列公约早就明确指出并强调价值阐释对于遗产保护的重要作用，甚至将价值阐释视为遗产保护和展示的基本内容和必要环节。国际古迹遗址理事会(ICOMOS)1990 年 10 月在洛桑通过的《考古遗产保护与管理宪章》中便将“价值阐释(interpretation)”纳入其倡导的“整体保护政策”，它指出：“一般民众的积极参与必须构成考古遗产保护政策的组成部分。涉及当地人民遗产时这点显得更加重要。参与必须以得到作出决定所需知识之机会为基础。因此，向一般民众提供信息资料是整体保护的重要组成部分。”而 ICOMOS 在 1994 年通过的《奈良真实性文件》以及2008年通过的魁北克《文化遗产阐释与展示宪章》，更是明确将价值阐释与传播视为促进和体现人类文化遗产多样性和真实性保护的重要手段。尤其是魁北克《文化遗产阐释与展示宪章》还进一步为遗产价值的“阐释与展示”制定了定义、标准和专业准则，并指出这些阐释、展示和传播属于“更大规模保护程序的组成部分”，最终都是为了培育遗产保护所需的公众意识和公众参与。

无论是基于上述三个背景下哪一种原因考量，我们都可以断言：对长春近现代历史建筑遗产的价值阐释和传播表达展开深入研究，是一件对长春发展具有极强现实意义，又深度响应国家战略需求，且契合文化遗产保护国际共识的工作。这让我们有足够的理由和信心将原报告进一步拓展和扩充成一本书，并最终让这本书出版面世，以激发更多的公众关注长春历史建筑的保护利用，关注长春城市历史建筑价值的发掘和传播，从而帮助城市历史文化传播真正摆脱或突破“话语困境”。

与原报告相比，本书所做的扩充主要包括：一是结合党和国家关于加强文物价值阐释和传播的系列重要文件精神，对部分章节文字进行了修正和补充；二是添加了大量的历史建筑图片，这些图片一部分是来自院藏的文献档案的珍贵历史老照片，另一部分是博物院东北20世纪历史建筑保护修缮研究中心摄制的建筑现状照片；三是围绕历史建筑价值传播表达创新，收集整理了一些国内城市和国外的先进典型案例，供读者思考，也为长春历史建筑价值阐释和传播创新提供借鉴和参考。

## 三、立场

对历史遗产的价值阐释不可能一成不变，必须与时俱进及时调整，这种阐释方式、表述方式和话语叙事体系的创新性变化本是一件自然而然的事情，这也是ICOMOS《考古遗产保护与管理宪章》对遗产价值阐释所要求的：“必须（基于当前知识状况）经常予以修改。”但正如前文所述，《长春近现代历史建筑价值阐释及话语表述更新研究》报告通过结项评审后，不少专家对我们的问题意识和研究成果给予了充分的肯定，同时，也有专家朋友提出要注意把握好爱国主义教育的基本方向。课题组在重新修改、扩充的过程中，非常认真地对待了这一建议。专家为什么会提出这一告诫？这一建议又为什么值得我们严肃对待？这需要从长春近现代历史建筑遗产在价值阐释方面所具有的特殊性和复杂性说起。

众所周知，长春建城迄今 200 余年，与国内一些动辄上千年历史的古城相比，长春只能算是一个近代才兴起的年轻城市。因此长春的近现代历史建筑通常不算“古迹”和“古建”，因此在过去相当长的时间内自然也没能被视为知名文物古迹而得到足够的重视和充分的保护利用，绝大多数历史建筑在中华人民共和国成立后都被当成普通物业而加以使用。在这种背景下，对历史建筑的价值阐释和传播就根本无从谈起。而且从中华人民共和国成立到现在已经跨越了大半个世纪，随着亲历者的人事代谢，有关这些建筑的许多丰富的细节信息，也都逐渐湮没无闻了。除了从笼统的建筑简介得到的那点信息，长春人对自己城市的许多历史建筑的价值认知其实都是一片茫然。

唯一的例外，就是伪满皇宫建筑群在 20 世纪 60 年代因被中央要求作为日本军国主义侵略中国、建立傀儡政权、施行殖民统治的“罪证”，而被辟为“罪证陈列馆”，用以开展爱国主义教育。围绕“罪证展示”这一政治教育目的，80 年代伪满皇宫形成并推出了一套完整的“日本帝国主义侵华罪证陈列”的展陈说明、游览讲解词文本。可以说，伪满皇宫建筑群是最早，在很长时期里也是唯一得到专门的价值阐释和价值传播的长春历史建筑。“罪展”文本，就是这种价值阐释和价值传播表达方式的集中体现。

这套以“伪政权”“罪恶”“傀儡”等高频词为显著特征的话语文本，最初的功能设计目的十分明确和单一，就是以通过揭露批判日伪罪恶激发观众对侵略者的愤恨和爱国热情为唯一目的，而无须考虑建筑物的其他价值。近二十多年来，随着经济社会快速发展，长春也开始像其他城市一样，迫切需要通过挖掘城市历史文化资源来塑造城市形象，提升城市文化软实力，增强城市吸引力。同时，因为旅游业的兴起，长春近现代历史建筑作为旅游资源也开始受到重视。无论是城市文化形象的塑造，还是文旅资源的开发，都需要面向公众阐释、表述和宣传推广长春近现代历史建筑的价值，讲述城市的历史故事。此时，长春才开始面临“书到用时方恨少”的窘境。于是，长春历史建筑价值阐释和传播的唯一样本——伪满皇宫“罪展”文本，就成了可借鉴、可套用的唯一现成的“母本”。于是，“罪展”话语就这样整体性地奠定

和塑造了长春历史建筑价值阐释和传播表达的调性和风格，本书将其表述为："罪展"话语方式。

"罪展"话语方式在长春长时期、大范围的沿袭和使用，让不少人认为"罪展"话语方式就是长春历史建筑唯一合法的价值阐释和传播方式。改变"罪展"话语方式，就是离经叛道，就是在冒犯爱国主义教育的神圣性。——持此论者最大的逻辑错误，就是未意识到爱国主义教育也需要遵循传播规律，需要尊重公众的真实心理需求，需要与时俱进创新传播表达方式；也没认识到"罪展"话语方式最大缺点就是不尊重传播规律，缺乏传播的艺术性和技巧性；更没认识到我们反思和改变"罪展"话语方式的创新主张，针对的并非其爱国主义教育主旨，而是其实际传播策略上的笨拙和功效上的不尽如人意。吸引力是传播有效性的先决条件。一种传播表达方式能否达到自己目的，首先要看它能否吸引受众。因为只有在拥有足够规模的受众基础之上，才谈得上传播目的的达成。否则，连受众都没几个，还奢谈什么实现传播教育目的？

伪满皇宫作为长春接待游客最早、文旅服务资历最深的景点单位，我们在了解游客和观众的受众心理偏好和特点方面，积累了一定的实际经验。"罪展"话语方式是由伪满皇宫博物院最早确立和创始的，因此我们也非常清楚"罪展"话语方式的本质特征，以及在游客或受众那里引发的真实反馈。通过面谈、问卷以及游览大数据分析，游客对"罪展"话语方式的受众体验不佳，早就是个不争的事实。从"说教意味太浓""单调乏味""压抑沉重"等直观印象，到"信息量不大"或"缺乏知识上的获得感"的内容评价，再到"走马观花粗略浏览一遍就够了，不值得来第二次"或"不值得向亲友推荐"等行为选择，足以向我们说明"罪展"话语方式对长春文旅发展、城市形象塑造的不利乃至危害之处。

正如前文所述，强化对包括历史建筑在内的文物价值的阐释传播，有着两大目的：一是国家宏观层面的优秀传统文化、革命文化、爱国主义文化教育目的；二是城市微观层面的目的，增强城市文化魅力和吸引力，促进文旅融合和高质量发展，有利于城市整体文化形象塑造。

很显然，"罪展"话语方式在文旅发展实践中，已经明显无助于第二大目的的达成。那么对第一个目的而言呢？今天"罪展"话语方式能有效实现其爱国主义教育的原初设计目的吗？我们的研究依然是否定的，因为爱国主义教育不是简单的政治立场标榜和表态，而是一项需要传播策略和技巧的工作。因此，我们提出传播话语表达创新，绝不会像有人担忧和提醒的那样会削弱甚至背离爱国主义教育的基本目的和政治导向。恰恰相反，我们希望通过对城市历史建筑价值传播话语表达策略的改善和优化，可以兼顾上述两个目的：爱国主义教育和城市文化魅力塑造，最大限度激发出公众爱国爱家乡的热情。

因此，我们可以理直气壮地说：爱国主义教育这一崇高目的，在我们的研究和创新建议中从未被忽视，更未背离和抛弃。改变"罪展"话语方式，创新城市历史文化传播表达，只会更好更有效地实现爱国主义教育目的。

## 四、共识

习近平总书记论述国家外宣工作时指出，外宣的本质就是要讲好中国故事，传播好中国声音，展现可信、可爱、可敬的中国形象。为此就必须掌握好传播规律，提高传播艺术，加快构建相适应的话语叙事体系。这一逻辑，同样适用于城市的历史文化宣传。长春城市历史文化宣传的最终目的，也可以被表述为：塑造出可信、可爱、可敬的城市人文形象。为此，我们也面临着相应的话语叙事体系的创新建设任务。

对城市历史建筑价值的阐释和传播，是构建城市历史文化话语叙事体系的基础性工作，而打破和摆脱"罪展"话语体系对我们的惯性束缚，又是做好价值阐释和传播工作的前提。

而这一切，需要长春社会各界人士达成统一的共识，需要我们深刻认识到"罪展"话语方式的局限性，认识到它对传播长春历史建筑遗产价值和阐释历史文化魅力的禁锢。"罪展"话语方式，在本质上暗含着对长春历史建筑其他丰富价值的轻视和无视。改变城市文旅宣传"无话可说"的话语贫困现状，改变公众对长春城市历史的沉重、乏味的观感，只能依托对长春城市历史信息丰富性、完整性、多样性和细节性的发掘。如果说建筑文物是保存和盛放历史信息的容器，那么长春历史建筑这个容器里，除了过去大家都熟悉的国耻之外，还可以、还应该盛放什么？这是我们进行价值阐释、创新城市历史文化宣传话语方式时，必须坚持的问题导向。在此问题意识的引导下，我们可以做的工作，一是价值认知拓展，将长春历史建筑本身具有的丰富价值内涵更全面、更细致、更充分地展现出来，克服片面化、单一化和粗糙化，实现从“罪证价值的排他性强调”到“全价值呈现”的价值认知转化。二是以建筑价值拓展研究为基础，讲好长春故事、传播城市魅力，实现从“罪展”话语方式到现代文旅推广话语体系的创新。这两个转化和创新，是长春城市历史文化宣传突破“话语困境”、摆脱“表达尴尬”的必经之路。

城市人文历史表达创新，事关重大，对外事关城市魅力的塑造和传播，对内事关对长春市民家乡归属感的培育，对国家则更事关爱国主义教育的深入人心。我们所进行的课题研究只是一次粗浅的尝试，希望我们的思考能起到抛砖引玉的作用。

王志强

2022 年 8 月

# 第一章　丰盛的遗产：长春历史建筑的沿革及现状

作为地域概念的长春，其有典籍明文可考的历史可上溯至迄今 1000 年前，即辽金时期的黄龙府(今农安)；但作为城市概念的长春，则以清代正式设治为始，迄今 220 年有余。本书所谓长春历史建筑，均为此历史时期城市建设之遗留。本章围绕长春历史建筑，综述其历史沿革及遗存现状。

历史建筑遗产，是城市构建自身人文品牌形象、发展旅游业最重要的资源基础。顾名思义简而言之，历史建筑就是历史遗留下来的建筑物。在我国文物保护的体系中，作为不可移动文物的历史建筑遗产的划分通常是以晚清尤其是 1911 年(辛亥革命)左右为界，此前的历史建筑遗存被称为古建筑，此后的则称为近现代历史建筑。长春，作为一个建城 220 余年的城市，其历史建筑遗产主要就是近现代历史建筑。

通常情况下，历史建筑年代愈久远，其价值就被认为越大，因此古建筑的旅游景点价值不言而喻。而近现代以来，年代相对较新的历史建筑则往往被人们习以为常、见惯不惊，并不以文物视之，从而其价值长期以来大都不被世人重视。但这种现象近年来正在被扭转，各地的近现代历史建筑的价值逐渐被各界正视和重视，许多城市将过去百年以来的重要建筑遗存分类甄别，陆续予以授牌保护和开放展示。当然，最有说服力的还是国家逐年公布的国保单位名单中，近现代建筑的占比不断提升。比如，2019 年国务院公布的第八批国家重点文物保护单位名单共 762 处，其中近现代重要史迹及代表性建筑 234 处，占 30.7%，远超第六批的 19.15%和第七批的 16.98%。这充分表明近现代历史建筑遗产的价值已经被广泛认可。

正如国家《文物法》第二条第二款第二项所述：“与重大历史事件、革命运动或者著名人物有关的以及具有重要纪念意义、教育意义或者史料价值的近

代现代重要史迹、实物、代表性建筑”，近现代历史建筑的价值主要依托于其历史背景。因此，梳理长春城市的近现代发展历史脉络，是全面而准确理解长春近现代历史建筑价值的前提。

## 一、长春城市建设史基本沿革

### （一）厅府建制城市时期（1800—1898）

1. 长春厅设置（1800—1889）：清朝初期，长春地区隶属于内蒙古郭尔罗斯前旗，是成吉思汗后裔蒙古族辅国公扎萨克的领地。清朝为了防止汉族和蒙古族人擅自进入满族的发祥地，在东北地区边缘修浚边壕，沿壕植柳，谓之柳条边。乾隆、嘉庆年间，尽管实行了封禁政策，但河北、山东、河南一带的农民为了谋生还是来到此地垦荒。另外，郭尔罗斯前旗王公恭格喇布坦为增加财政收入，也招收汉人开垦游牧地。到嘉庆四年（1799），清王朝命吉林将军进行实地调查，发现已经开垦土地面积达 26.5468 万亩，住户数达 3330 户。于是，嘉庆五年（1800），在此地设置长春厅，隶属吉林将军，这是长春正式设置之始（治所在今新立城镇）。道光五年（1825），因厅治偏僻，垦民日益增多，长春厅北移，迁置到伊通河左岸的宽城子[①]。同治四年（1865），为防匪患，当地的商人自发集资，挖壕建城。最初的城墙是由木板夹泥建的简易城墙，后经过不断的建设及完善，木板城墙建成了更加结实的夯土墙和砖墙，共有崇德门、聚宝门、永兴门、全安门、乾佑门等 9 个城门，形成一个不规则的九角形城郭，长春城成型。

① 在长春设治之前，宽城子经过流民开垦，逐渐成为一个较大的集镇。“城垣之形颇不规则，南北袤约四里，东西广约七里。盖东西广于南北一倍，故有宽城子之名”。（于泾：《长春厅志·长春县志》，长春出版社，2002 年版）

崇德门，又名东门、东大门（今东门路与东门里路交会处附近）。1923 年修缮为砖石结构，城门高 8.3 米，宽 6.6 米。城门上筑有歇山顶城楼，飞檐翘角。墙根的排水涵洞通往护城河，门额刻有“崇德门”三个大字。1952 年 5 月拆除，是长春最后拆除的一座老城门

聚宝门，又名西门（面对西河沟上的西双桥），东面直通旧城三道街。1923 年修补为砖石结构，城门高 8.3 米，宽 6.6 米，筑有城楼、雉堞。后因城市西扩，移至今人民大街与解放大路交会处附近，1933 年因修建吉林大路，西城门被全部拆除

永兴门，又名北门（今长春大街与大马路交会处附近），建筑形式同全安门，1896 年重修，城楼悬额题写着“关左通衢”四个大字，连接着长春商铺地、满铁附属地和中东铁路附属地。1912 年，因修建北门外大街（商铺地大马路）与城内南北大街线连接的马路时被拆除

2. 长春厅升为长春府（1889—1898）：光绪初年，长春已经是“三里一小屯、五里一大屯”，城内“屋宇栉比，鸡犬相闻”，成为吉林省的西北门户，通往盛京（今沈阳）的要冲大道。于是，1888 年 7 月，吉林将军希元奏请将长春厅升为府，并在“农安城分设县治，名曰农安县，归府统属”。光绪十五年（1889），清政府准奏长春厅升为长春府，领辖农安县。

长春知府，1825 年修建，今大经路附近

长春县公署，1926 年在长春知府衙门原址重建

## （二）半殖民地铁路枢纽城市时期（1898—1931）

1. 沙俄中东铁路附属地设立（1898）。和大多数东北城市一样，长春作为近代城市真正的缘起，和中东铁路有直接关系。1898 年，清政府与沙皇俄国签署了《中俄旅大租地条约》，条约允许沙俄从中东铁路干线修一条南部支线，即哈尔滨经长春至大连间的铁路。俄国人在修建铁路的同时，在长春旧城西约 10 公里的二道沟修筑了一座火车站，并以当地地名“宽城子”命名。这是长春有火车之始。因当时“宽城子”只属于沿线铁路站点，是地方性的小站（俄国主要注重的是哈尔滨、大连和旅顺三个城市），因此，对这里的规划也比较简单，以“宽城子”车站为中心，在周围陆续修建学校、教堂、墓地、住宅等建筑和设施，整个区域外形呈规则的长方形，面积为 553 公顷。这个由俄国规划、

宽城子火车站(1920 年代)。1898 年 5 月 15 日,俄国工程师伊·勒·普罗辛斯按照四等车站站舍标准,修建了宽城子火车站及其附属建筑。1900 年,宽城子火车站站舍竣工,同年 7 月 15 日,长春义和团焚烧了站房和站内的物资。1901 年,俄国人重新建设站房。1903 年 7 月 14 日,正式通车运营。宽城子火车站占地约 300 平方米,地上一层,砖木结构,开窗较小,屋顶坡面较大,形成前廊,房脊顶部有装饰性设计,这是长春首座由外国设计师主持修建的近代建筑。现在,宽城子火车站旧址为北车集团长春客车厂所属

以宽城子车站为中心的俄式街区,是长春历史上第一块经规划而建成的区域。长春中东铁路附属地虽然规模不大,它的出现却加深了长春半殖民地半封建社会的程度。但从客观上来讲,也为长春的经济发展带来了机遇,对于长春来说,它带来了近代的工业技术和城市文明,出现了自来水、电灯、电动工具,以及楼房、红砖、水泥、钢筋、混凝土等现代建筑材料,改变了长春闭塞的状态,揭开了长春近代化的序幕,成为长春近代城市建设开始的标志。

2. 满铁附属地设立(1905)。1905 年 9 月,日俄签订《朴茨茅斯条约》,俄国将宽城子至旅顺的铁路转让给日本。日本设立了南满洲铁道株式会社(以下简称“满铁”)来经营此线。由此,直至 1931 年九一八事变前,长春一直作为隶属俄国的东清铁路最南端和隶属日本的南满洲铁路最北端的中间站,是宽轨的中东铁路和窄轨的南满铁路换乘、换载的中转站。1906 年,日本开始筹备成立“满铁”,1907 年 4 月营

“满铁”与东清铁路的交会火车站。左侧为“满铁”铁路,右侧为东清铁路(1920 年代)

业。“满铁”的成立营业，对长春城市发展产生了重大影响。“满铁”除了经营铁路外，还涉及矿山、港口、钢铁及“满铁”附属地的城市规划。此外，还有电、煤气、电车等公共事业。基于长春地处日本和俄国铁路连接点的战略地位重要性，“满铁” 引用西方先进的规划理念将长春作为一个重要城市来规划建设。“满铁”附属地规划是由“满铁”附属地第一任总裁后藤新平亲自参与并由土木科长加藤与之吉主持，在规模布局与功能结构上进行了全面规划，受到当时欧洲流行的矩阵型规划理念影响，运用了“放射轴线加圆广场加方格路格网”的设计手法进行建设。1914 年，长春站竣工。之后的“满铁”附属地设计规划都是以长春站为中心进行的。建成后的附属地景观呈现出了既有日本传统文化又融合了西方进步思想文化的“拟洋式”杂糅景观。“满铁”附属地的建立使长春陷入更深一层的半殖民境地，在长春近代城市发展中起着至关重要的作用。

长春火车站(1930 年代)。该火车站于 1914 年 5 月竣工，建设费用为 32 万日元，设计者为青木菊治郎和平泽仪平(二人还曾共同负责长春大和旅馆建筑的设计和建设)。该建筑使用至 1992 年拆除。现长春火车站就是在此位置重新建设的

站前广场(1930 年代)。当时对“满铁”附属地的规划，是以长春站为中心进行设计的。街路的形状为矩阵形，规划有四条斜向的马路。街区呈长方形，宽 109 米，长 218 米。为了便于疏导交通，车站前设计了一个半径为 91 米的圆形广场，其他重要地区也都规划有圆形广场。并在广场周围规划建设了大型的公共设施，以此来美化城市

3. 商埠地建设(1909)。“满铁”附属地城市规划的实施对中国当地的官府产生强烈的刺激，为了与“满铁”抗衡，长春地方政府也决定进行街区建设。这就是被称为“商业区”的街区规划。1909年，第二任道台颜世清决定在长春城与“满铁”附属地之间兴建一个新商业区。并在新商业区北部邻近附属地一带建设了开埠局、巡警局、道台衙门等官府机构设施。还斥巨资12万日元修建了从城内南门到新商业区北端的干线道路(大马路)。1911年，第四任道台孟宪彝上任后，动员当地的高官和巨商们共同出资设立了一个名为“兴业公司”的民间开发公司，在北门附近兴建并经营剧院、妓院、出租公寓和公园。由此，大马路两侧商家林立，发展成为远超城内的新商业区域。这个为了与“满铁”附属地竞争而设置的商埠地，成为长春市内第一片由中国人自主规划建设的城区。商埠地是民族工业集聚、发展的标志地段，是艰难岁月里长春城市发展步履蹒跚的历史记录，是长春居民对外来殖民者的不屈抗争。商埠地也成为联结“满铁”附属地与长春城之间的重要组成部分，这三个区域相互补充，最后形成了一个整体，促进了长春城市的发展。

大马路商铺(1930年代)

## （三）殖民地政治中心城市时期（1931—1945）

1931年九一八事变后，日本迅速占领东北。1932年3月，长春被确定为伪满洲国国都，改称“新京”。随后，《大新京都市计划》出台，长春全面规划和大规模建设开始。规划对“新京”的功能布局进行了细分，在城市干道的两侧和交叉口的广场设置了不同性质的功能中心。以大同广场（今人民广场）为经济中心，以安民广场（今新民广场）为政治中心，以南岭广场（今已无）为文教中心，以盛京广场（南湖广场）为市民中心，以“新京”南站广场（今长春南站站前广场）为交通中心，用主要干线道路把这些地区连接起来。即以南北轴大同大街（今人民大街）和东西轴兴仁大路（今解放大路）为基轴，并以直角相交叉，再结合放射状及循环系统的线路。街道形式同各地区的特征相适应，并适当配置了干线、支线和补助线，来确保街道美观和交通系统的完备。另外，“新京”延续了“满铁”附属地的规划理念，采用了非常高的绿化标准，并详尽地进行了公园绿地系统的规划。同时，为了提高建筑物的质量，1935年2月，成立了国都建筑奖励委员会，每年评选优秀建筑物，并对设计师进行表彰，极大地刺激了建筑界人士地关注与热情。这一时期长春城市化速度居全国首位。

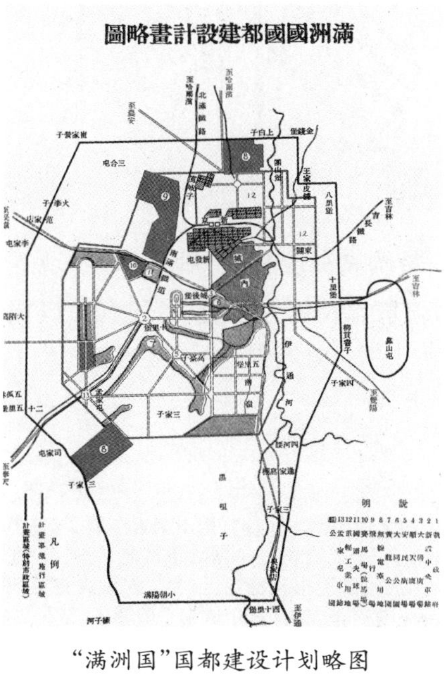

“满洲国”国都建设计划略图

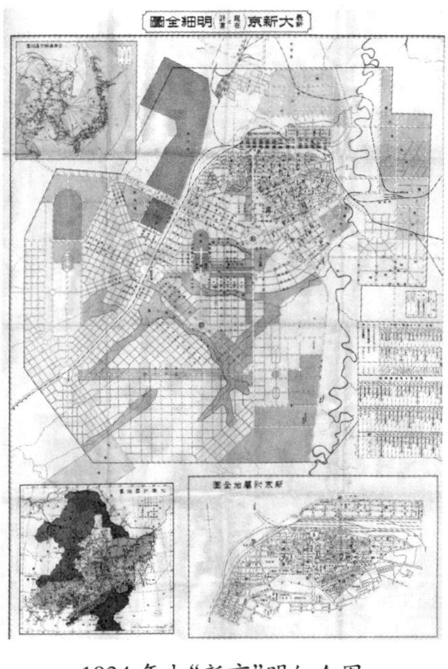

1934年大“新京”明细全图

为贯彻其文化殖民统治意图，日本殖民者在建设的区域内，按照南北为“街”、东西为“路”的方式极为用心地为街路命名。这些充满政治象征意味的街路名称，大都宣扬伪满洲国政治理念，或带有浓厚的殖民色彩，其中也不乏中国传统文化意义的词汇。如伪满帝宫（未建成）附近的两条路被命名为东万寿大街、西万寿大街；依据中国儒学经典进行命名的大同大街、顺天大街；用汉语中非常吉祥的词汇命名的祥云街、兴隆街、太平路；带有殖民主义色彩的东盛大街（东亚兴盛之意）、信和大街（信奉大和民族之意）等等[1]。

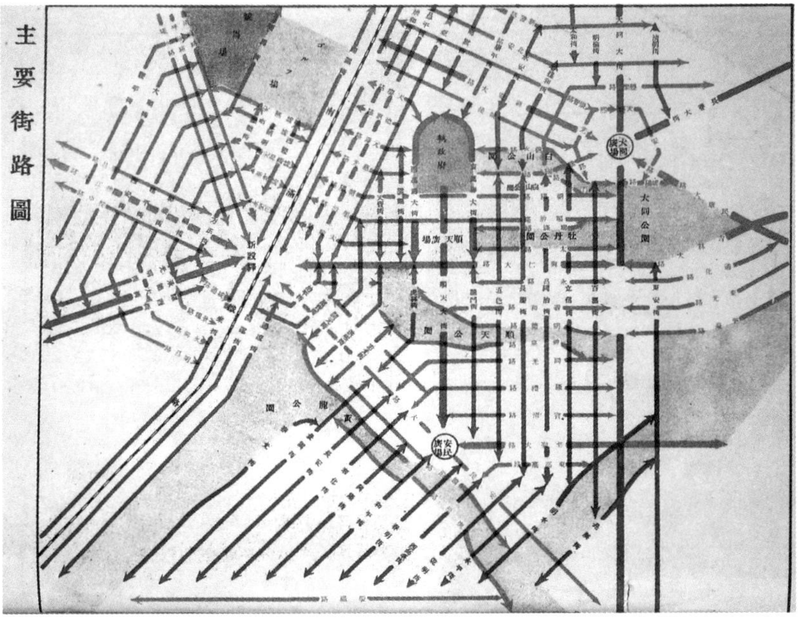


“新京”主要街路图

1937 年，日本宣布撤废“治外法权”[2]，向伪满洲国移交“满铁”附属地等地区。同年，中日战争全面爆发，大量华北和东北农村人口涌入，长春人口快速增长，城市建设开始新一轮迅猛发展。

---

① 详见附录一《长春街路、公园新旧名称一览表》。

②1937 年 11 月 5 日，伪满国务总理张景惠和驻满全权大使关东军司令官植田谦吉签署了《关于撤销治外法权及移交满铁附属地行政权的条约》。（所谓治外法权，指的是一国给予其他国家公民在本国境内免受本地法律司法裁决的特权）这是日伪在伪满洲国统治根基稳定后，为了向世人宣扬他们是如何推动伪满洲国“独立”，推动“日满和谐共荣、东亚和平独立”的又一个欺骗手段罢了。

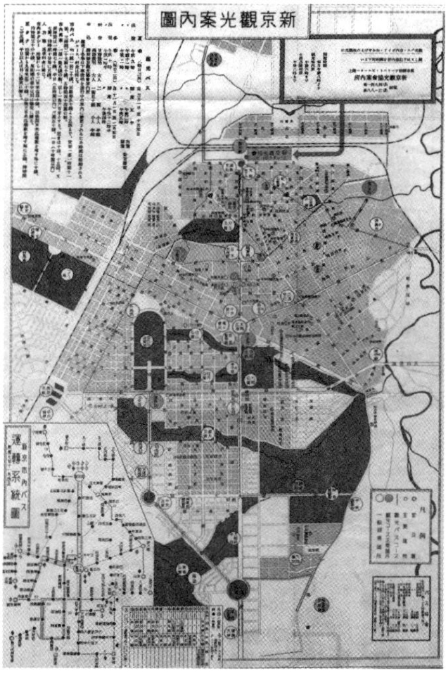


1940 年“新京”观光地图

1937 年 11 月 5 日，在伪满国务院举行《关于撤销治外法权和转让附属地行政权条约》签字仪式



## （四）过渡及转型城市时期（1945—1953）

1. 苏军接管时期（1945 年 8 月—1946 年 4 月）。1945 年 2 月，美英苏签署《雅尔塔协定》，苏军出兵东北。同年 8 月 14 日，国民政府与苏联签署《中苏友好同盟条约》以及相关协议。按照规定，苏军要把东北的行政主权交给国民党政府，不许其他党派和军队进入东北。8 月 15 日，日本宣布无条件投降，并下令所有日军停止战斗。8 月 17 日，关东军向苏军请求停战，苏军要求日本无条件缴械投降，同时派遣快速部队空投至长春、旅顺、大连、哈尔滨等城市，迅速占领东北。9 月 3 日，苏军总司令华西列夫斯基元帅来到长春，把总司令部设在原日本关东军司令部，同时还重新命名了一些街道和广场，对长春实行军事管制。10 月 12 日，国民党东北行营主任熊式辉率领五百多位官员飞往长春开展接收工作，但东北实际上还是处于苏军的掌控之中。1945 年 11 月，苏联红军在长春修建的空军将士纪念碑落成。这是长春第一座具有苏联社会主义现实主义样式的建筑物。

2. 国民党接收时期(1946 年 4 月—1948 年 10 月)。1946 年国民党接收长春,无力进行城市建设,仅仅对街路和广场进行了重新命名,以改变其殖民色彩。后期对市内建筑设施进行了大规模破坏。据 1948 年统计,全市各种房屋被破坏 17 154 栋,面积达 2 378 932 平方米,占全市房屋建筑面积的 30.7%。

3. 长春解放初期(1948—1953)。受到朝鲜战争的影响,解放初期长春城市建设并不多,重点放在了接收敌伪房产和修复城市基础设施,努力恢复生产生活上,并宣布更改部分街道、广场、公园的反动名称。在原大陆科学院的基础上发展中科院光机所等研究机构。另外,接收“满映”后,将其改建为长春电影制片厂,这些成为中华人民共和国成立后长春城市发展的重要变化。

伪满最大的综合性自然科学研究机关——伪满大陆科学院(1930 年代)

伪满大陆科学院旧址。长春解放后,在伪满大陆科学院旧址上建立东北工业研究所,1949 年 9 月更名为东北科学研究所,1954 年,改名为中国科学院长春应用化学研究所(2021 年摄,伪满皇宫博物院藏)

## （五）省会建制城市时期（1953—1963）

1.“一五”计划期间。1953 年，长春成为直辖市，1954 年改为吉林省省会。长春第一汽车制造厂也在此期间破土兴建（以下简称“一汽”），毛泽东同志亲笔题词，显示出国家对重点项目的高度支持。在 1954、1955 两年中，长春市把市政建设投资的 94%和 84%用于为“一汽”服务的基础设施上，仅用 3 年时间，“一汽”就建成投产，为新型工业城市奠定了初步基础。随即在市内先后建立起一批科研机构和大型工厂，如长春机车厂、长春客车厂、长春拖拉机厂等，长春也成为新兴的工业基地。标志着长春从日本规划的消费型城市向工业型城市的转变。

汽车试制成功（王振华主编：《长春记忆》，吉林摄影出版社 2011 年版，第 172 页）

“长春第一汽车制造厂”由毛泽东主席亲笔题词“第一汽车制造厂奠基纪念”（何敬卫，2022 年摄）

2.“二五”计划期间：从1958年开始，作为中华人民共和国成立10周年的献礼工程，“北京十大建筑”相继建成，当时周恩来总理提出“古今中外，皆为我用”的设计原则，对之后各地建筑创作思潮产生了深远影响。与此同时，长春市也开始有计划地建设“十大建筑”，中华人民共和国成立初期，长春的“十大建筑”[①]成为长春当时标志性建筑，为长春后来的城市建筑风格定下了基调。

长春“十大建筑”之一——长春地质宫（伪满皇宫博物院藏，2021年摄）

## 二、长春市历史建筑现状

法国作家雨果曾说：“人类没有任何一种重要的思想不被建筑艺术写在石头上。”历史建筑因为承载着丰富的历史文化信息，而成为人类文明遗存中最珍贵的遗产。

长春建城至今只有220余年的历史，与那些动辄上千年历史的古城相比，长春无疑还是个年轻的城市。但长春二百多年的城市发展进程却见证了中国和东北亚近现代风云变幻、跌宕起伏的最复杂最急剧的历史变动，留下了从晚清、民国、中东铁路、伪满洲国直到新中国建设几个重要历史时期各具特色的历史街区及历史建筑。这些历史街区的建筑完整地记录了长春在特定历史时期的城市故事，记录了政治，记录了战争，也记录了人民的生活。

随着城市经济和建设的快速发展，城市开发改造与保护城市的传统特

---

① 长春“十大建筑”：吉林省图书馆旧址（今吉林省文化和旅游厅）、吉林省宾馆、吉林农业大学教学楼、长春地质宫、长春市体育馆、长春南湖宾馆主楼、长春市工人文化宫、长春地质学院鸽子楼、长春光学机械研究所、长春应用化学研究所。

色和风貌的矛盾愈加突出，城市历史建筑的保护工作也愈加艰难。改革开放初期，长春市在疾速奔跑的过程中，对于历史遗迹的保护并未达成共识，有些建筑历经风吹雨打，未能幸免于难。但随着社会的不断进步与人们对历史建筑文化认知的提升，特别是中华人民共和国住房和城乡建设部先后发布《城市紫线管理办法》和《关于加强对城市优秀近现代建筑规划保护的指导意见》等一系列的文件法规后，长春的城市建设实践也越来越注意处理好发展与保护的关系，在历史建筑和历史街区保护的理论研究、保护实践中做了大量的工作。经过 20 世纪 60 年代、80 年代和 21 世纪初的三次全国文物普查，长春市共发现不可移动文物 1671 处，其中，全国重点文物保护单位 19 处，省级文物保护单位 55 处（含历史建筑 22 处），市级文物保护单位 136 处（含历史建筑 68 处）。

2004 年提出了历史建筑和历史街区保护规划，并对长春遗存的历史建筑进行了深入的调查。2008 年至 2020 年，市政府先后三次公布近现代历史建筑名录。[①] 2017 年 10 月，国务院正式批复长春市列为国家历史文化名城。通过立法保护、规划保护、建设保护、使用保护等措施，将历史建筑保护工作落到了实处。

### （一）保存比较完整

在长春市公布的历史建筑中，按年代划分，主要包括 19 世纪末 20 世纪初、长春建厅及城市起源时期、民国时期、中东铁路时期、伪满时期、中华人民共和国“一五”“二五”时期的历史建筑。按分布区域划分，主要有宽城子历史文化街区、中东铁路宽城子站历史文化街区、商埠地历史文化街区、伪满皇宫历史文化街区、人民大街历史文化街区、南广场历史文化街区、新民大街历史文化街区、东北师范大学和吉

人民大街文化历史街区部分路段：人民大街与重庆路交会至长春火车站（何敬卫，2022 年摄）



① 详见长春市规划和自然资源局公布的（第一批、第二批、第三批）近现代历史建筑一览表。

林大学南岭校区历史风貌区、第一汽车厂历史文化街区、长春电影制片厂历史文化街区等 10 条历史文化街区。由此可见,长春市的历史建成环境是由长春城市建设历史脉络(线)+多条历史街区(面)+200 余处历史建筑(点)综合形成的。从种类、数量、面积和代表性看,长春历史建筑保存情况,在国内较具有完整性,这也为今后的保护利用提供了一个较好的基础。

伪满大同大街与丰乐路交会至“新京”火车站路(今人民大街与重庆路交会至长春火车站)(1930 年

## (二)亟须保护修缮

目前,长春历史建筑大部分主要用于商业、文教、办公、居住等场所。对全国重点文物保护单位均不同程度地进行过修缮,整体保存状况完整。但省级和省级以下文物保护单位保存状况不容乐观,也存在破坏严重、长期闲置的现象,如商埠地的泰发合百货店被长期闲置,新民胡同现在已经被拆除,老宽城子历史街区的宽城子车站位于长春机车厂院内,沙俄将校营位于棚户区改造中,居民私搭乱建现象严重,建筑风貌破坏严重等情况,均急需保护修缮。在规划部门核定的历史建筑里,80%以上历史建筑需要修缮,其中20%已经列入各级政府开发规划当中。

## (三)开放程度过低

1949 年之前的近现代历史建筑由于具有较高的使用价值,因此中华人民共和国成立后都被分配给党政军学等单位和机构作为办公楼使用。这些历史建筑基本上都被使用者各自管理,不对外开放,观众和游客往往都不能进入建筑体内部参观,这也是全国各地近现代历史建筑面临的普遍情形。长春市文物保护单位内只有伪满洲国皇宫旧址、吉长道尹公署旧址、南大营旧址、长影旧址等少数旧址作为博物馆对公众开放,另有部分建筑作为文化设施如文化体育场所(长春文庙)对公众开放,开放比例不到 5%,开放程度过低。

伪满时期的“满洲映画株式会社”(1940 年代)

“满洲映画株式会社”旧址,现为长影旧址博物馆(伪满皇宫博物院藏,2021 年摄)

## 小　结

在长春 220 余年的城市建设变迁中,历经厅府建制城市、半殖民地铁路枢纽城市、殖民地政治中心城市、过渡及转型城市、省会建制城市五个时期的转变,不同的历史阶段,不同的发展条件和功能定位,催生了不同的规划和建筑,这就使长春这座城市相继接纳和拥有了风格种类丰富的历史建筑,形成了在国内独具特色的城市建筑文化。

每一栋幸存至今的历史建筑，都是前人和历史馈赠给我们以及我们后人的珍贵礼物。长春的近现代历史建筑品类丰富，这是城市可持续高质量发展的重要资源。但如果我们不能建立起对城市历史建筑遗产价值的深刻认知和普遍的保护共识，那么，随着城市的发展和城市建设的需要，有很多历史建筑尤其是那些未定级的、无名的老旧历史建筑，还会面临着拆除和毁坏的局面。如何科学地、规划性地保护它们，认清其存在的价值，使其充分表现城市历史文脉，成为城市风貌不可或缺的一部分，是我们当代人不可推卸的责任和使命。

# 第二章　遗产的丰盛:长春历史建筑的价值分析

价值,从哲学定义上看,是指相对于主体,也就是人的需求而言,客体所具有的"用处"或者"意义"。因此历史建筑的价值,自然也是相对于其所在城市及其人们的需要而言的。因为长春的近现代历史建筑对今天的长春城市发展和市民生活品质提升都具有重要的"用处"和"意义",是可资利用的资源,因此值得我们保护和研究。这种"有用性"的"价值"越明显,人们保护和利用历史建筑的动机就越自觉和强烈。

价值具有客观性,因为其"有用性"必须依赖客体的自身特性和功能;价值具有主体性,客体对于主体的意义就会因主体及其需要不同而不同;价值还具有社会历史性,因为主体及人的需要并非一成不变,而是具有社会性和历史性的可变可塑特征。此外,价值还具有多维性,无论人的主体需求,还是客体的结构或属性,在现实中都具有复杂性、复合性、多元性,因此对价值的表述也就自然是多维度的。

这四种特征,也是我们认识和把握长春历史建筑价值的基本原则。首先它有助于让我们对长春历史建筑价值的真实性持尊重的态度;其次,我们对长春历史建筑价值的认知是随历史时期的变化而变化的,过去的定论,在今天可能已经不适用;此外,长春历史建筑价值内涵是多层次的,我们认识和理解的角度应该是多维度的,需要我们承认历史建筑价值的丰富性和复杂性。

简言之,长春历史建筑之所以作为遗产值得保护,之所以可作为资源利用,除了其实用性的使用价值(此种价值是所有建筑普遍的基本价值,不在本文论述范围之内),主要在于其自身所具有的文物等多种丰富的价值属性。现择要分析论述如下:

## 一、文物价值

历史建筑的文物价值，就是德国建筑学大师弗雷·奥托(Frei Otto)所说的“存在价值”，这是建筑遗产独立于人类功利性价值判断的客观、自在的本体性价值，来源于建筑本身作为文化遗产的独特性和不可再生性。奥地利艺术史学家阿洛伊斯·李格尔所说的文物的“岁月价值”，或者说“年代价值”(age-value)，在一定程度上其实也和这种价值属性有直接关系。[①]

长春历史建筑的文物价值，相对于公众认知而言是逐渐显现出来的。这主要体现在两方面：

一是法律认定。《文物保护法》规定，具有历史、艺术、科学价值的古文化遗址、古墓葬、古建筑、石窟寺、石刻、壁画、近现代重要史迹和代表性建筑等不可移动文物，价值较高的可被确定为全国重点文物保护单位，它们拥有国家文物局对不可移动文物所核定的最高保护级别。2013 年，长春市部分历史建筑入选第七批全国重点文物保护单位名单(共 5 种 15 处)。现长春市历史建筑中的国保单位有 9 种 19 处。[②]二是时间赋予。文物在本质上是时间长河中的积淀物。历史建筑遗存随着社会发展和时间推移，其不可再生性、稀缺性会越来越凸显，从而变得弥足珍贵。长春历史建筑以近现代建筑为主，由于年代关系，长期以来并未被视为文物予以特别保护和重视。但最近 20 多年来，除上述国保单位这些法定建筑文物之外，其他由省市地方政府认定的保护建筑，以及一些尚未被官方正式授牌认定的老旧建筑，其文物价值已经在社会得到广泛的认可。而且随着时间的进一步推移，长春历史建筑年代的久远性和稀缺性还会与日俱增，其文物价值也将进一步提升。

## 二、历史价值

建筑遗产的历史价值就是见证历史的价值，具体体现为辅助历史研究和社会教育的证物工具价值。长春历经晚清、北洋军阀、民国、伪满等多个重

① “我们确认年代价值的标准，是一个如此简单的规则，以至于它们甚至于可以被那些一心只顾营生的人所欣赏。头脑最简单的农民也能区分一座古老的钟楼与一座新建的钟楼。” 这段话出自阿洛伊斯· 李格尔的名篇《对文物的现代崇拜：其特征与起源》(陈平译)，有助于我们理解“岁月价值”“年代价值”的真实意涵。

②详见《长春市近现代历史建筑国家级、省级、市级保护单位一览表》。

大历史时期，其历史建筑是近现代中国、东北地区以及东北亚地区社会、政治、经济、文化的发展、变迁和更替的发生场所，作为这些历史时期的产物和遗物，被深深打上了时代的烙印，成为今天我们回顾、研究这些历史以及进行相关社会教育的重要载体和凭借。

### （一）长春历史建筑中的革命传承与红色基因

长春历史建筑蕴含了丰富的红色基因，从十月革命爆发到五四运动前后，马克思主义思潮开始在长春传播，这一时期创办的《大东日报》成为传播马克思列宁主义的阵地（《大东日报》遗址地）。1921 年，在党中央的派遣下，李大钊、马骏、罗龙章、陈为人、恽代贤等共产党人先后来到长春开展建党、建团等工作（省立第二师范学校中共地下党活动旧址）。1924 年，党在长春的第一个地下通讯站——二道沟邮局通讯站（二道沟邮局中共地下党活动旧址）。1945 年 8 月，日本投降，大和旅馆被苏联接管，当时的中共东北局书记周保中和苏军代表一起来到长春，并根据东北局的指示，在这里主持召开了成立中共长春市委员会的会议（大和旅馆中共活动旧址）。在抗战胜利和解放战争时期，长春市留存着东北人民解放军第一前线指挥所旧址、歼灭国民党 88 师战役纪念地等。另外，长春还有各类革命纪念构筑物，包括苏军烈士纪念塔、长春解放纪念碑、方华烈士纪念碑、胜利公园毛泽东塑像等等。这些革命旧址是不可移动文物的一个特定类型，同时也已成为长春市的地标性文化符号，在传承红色基因、弘扬革命传统、加强爱国主义教育方面具有重要意义。

**二道沟邮局中共地下党活动旧址** 二道沟邮局中共地下党活动旧址位于长春市宽城区铁北一心街 338 号，这里曾是中国共产党在长春建立的第一个地下通讯站，也是吉林省历史上第一个地下通讯站。

该建筑建于 20 世纪初，位于沙俄中东铁路附属地。占地面积 215.36 平方米，建筑面积 146 平方米。建筑坐东朝西，砖木结构，墙面采用直角线脚装饰，使整个建筑细节丰富、生动明快。该建筑地上两层，房主为俄籍侨民马足林克，为私人住宅。楼下房间先由中东铁路通讯部门使用，后被吉黑邮务管理局租用，并设立了长春二道沟邮局。

1924年8月，张锦春受中共哈尔滨独立组派遣，到长春建立党的地下通讯站。他借邮局招聘职员的机会，考进吉黑邮务局管理局下辖的长春二道沟邮局，并以此身份作为掩护从事革命工作。由于工作出色，他来到邮局不到一年的时间就被提升为局长。张锦春以邮局为中心建立了党在长春的第一个地下通讯站，取共产党长春支部的简称“共长支”的谐音“弓长之”或“龚长之”为代号。1926年9月，以二道沟邮局通讯站和省立二师通讯站为基础，建立了中共长春支部，后改为中共长春特支。张锦春多次出色完成了中共北方与北满党组织之间的联络，收发传递党的文件，保护来长的党员干部安全等工作任务。（党的早期主要领导人瞿秋白、任弼时、赵世炎、澎湃等在长春期间均住过张锦春的家）由于中共长春特支工作十分出色，被后来的中共北满地委誉为“最有力量的支部”。在推动东北地区的革命运动中起到了重要作用，是长春革命运动的出发地、革命发展的奠基石。2002年，二道沟邮局中共地下党活动旧址被长春市人民政府列为文物保护单位，并先后被命名为长春市中共党史教育基地、第二批省级中共党史教育基地。这栋小楼，在深深地打上时代烙印的同时，也见证着长春历史的发展，成为中国共产党在长春早期革命活动的红色记忆景点。

二道沟邮局中共地下党活动旧址（何敬卫，2022年摄）

## （二）长春近代建筑中的殖民统治重要史迹

伪满皇宫和日伪军政机构旧址包括了作为溥仪和日本关东军司令官的住所以及伪满洲国主要政府部门和关东军统治机构，比较完整地涵盖了伪满洲国主要决策和行政体系，是相关重要历史事件的发生地、一系列重要历史文件的起草和签署地，也是溥仪、本庄繁等重要历史人物在这一时期的主要活动场所。现有文物建筑及其位置关系和周边环境，充分揭露了伪满洲国的傀儡性质和溥仪的真实处境，真实地记录了伪满洲国的运行机制及其成立至败亡的历史过程，完整地反映了日本殖民统治者通过伪满政权对我国东北实行的军事、政治、经济、文化、教育、宗教等方面的全方位殖民统治，是研究溥仪及伪满洲国历史、日本侵华战争史、中国近代史的重要史料，具有极高的历史价值。

日本关东军司令部旧址(伪满皇宫博物院藏,2017 年摄)

**日本关东军司令部旧址**　日本关东军司令部旧址位于新发路 577 号。1932 年 8 月始建,1934 年 8 月竣工。占地面积 342 212 平方米,建筑面积 15 276 平方米,由关东军经理部设计,大林组施工。1932 年,随着长春城市政治地位的改变，关东军将司令部由沈阳迁往长春,并施工建设日本关东军司令部。它是伪满“新京”官厅建筑中最先开工建设的项目,也是竣工之时长春市内规模最大的建筑。

从选址规划上看,它紧邻“满铁附属地”,是进入新市区所看见的第一个建筑，与隔街相邻的日本关东军宪兵司令部一起成为新市区的门户。从外形设计上看,该建筑没有像其他伪满机构建筑那样使用所谓“满洲特色”,

日本关东军司令部旧址——塔楼
(伪满皇宫博物院藏,2017 年摄)

而是延续了日本国内帝冠式建筑风格，尤其是中央的塔楼外观完全是模仿日本传统城堡天守阁的样式，给人一种威严和居高临下的感觉，该建筑也被日本称为“近世式东洋风”。整体建筑主体三层，中部五层，呈“卅”字形，中部和两翼建有塔楼，屋顶为黑色铜瓦，白色墙面。建筑在一些细节上也着重体现日本文化，当年在正门塔楼上中央悬挂金色“菊花章”（日本皇室徽章，现已被拆除），用以象征日本“皇军”，是日本军国主义意识形态的再现，具有鲜明的政治符号与时代特征。

**日本关东军司令官官邸旧址** 日本关东军司令官官邸旧址位于长春市新发路1169号，现为吉林省松苑宾馆1号楼。1933年始建，1934年10月竣工，与相邻的日本关东军司令部旧址同时建造。该建筑占地面积近10万平方米，建筑面积约3000平方米。由关东军经理部设计监理，清水组施工。为长春城内规模最大的官邸建筑。

在伪满时期，日本关东军司令部是日本最显赫的权力部门，作为这支军队的最高权力统治者——关东军司令官成为伪满洲国背后的真正操控者。而这座建筑，就是当年关东军司令官的居住地。作为日本司令官官邸，这里曾是军方政治和私人空间的结合体。先后有菱刈隆、南次郎、植田谦吉、梅津美治郎、山田乙三5位关东军司令官居住于此。

建筑形式采用城堡花园式建筑风格，造型十分精美，施工工艺精湛，足以显示其主人的显赫地位。该建筑地上两层，加上塔楼局部四层，地下一层，顶部黑色铁皮尖顶，外墙贴褐色拉丝瓷砖，门前设有一圆形松树池，池内设有喷泉，这成为后来一些伪满官邸建筑的效仿形式。

日本关东军司令官官邸旧址（何敬卫，2022年摄）

1945年，日本投降后，该建筑成为国民党新一军司令长官孙立人的官邸。1948年，长春解放后，由中苏友好协会使用。1953年为长春市委招待所，1956年，为吉林省委一号招待所，中央主要领导到吉林省视察都曾居住于此。1985年，改为吉林省松苑宾馆1号楼。现为市级文物保护单位。

现松苑宾馆松树池(何敬卫,2022 年摄)



## (三)近现代中国城市化和率先工业化的典型代表

作为日本殖民统治中心和“满洲国”的“首都”,长春的规划建设被殖民统治者高度重视,引入了当时世界上比较先进的规划理念,采用轴线对称、圆形广场加放射性路网的手法,极力表现长春作为“军政中心”的城市形象。正因为长春经历了以“国家首都”为目标的大规模规划建设过程,现存的主要历史街区及建筑遗存就是当时“首都城市”规划实践探索的结果。这些建筑遗存多以大体量“国家性建筑”为主,代表着“国家形象”,因此,抛开其殖民统治的罪恶动机不谈,就建筑本身而言,无论是规划设计还是功能质量都堪称高标准的建筑精品。

伪满时期的规划建设,使得长春成为中国 30 年代城市化建设最快,甚至全亚洲现代化水平最高的都市,而这种现代规划的思想基于理性分析和技术手段,其空间格局、街区肌理、路网结构、绿地系统、基础设施及城市景观轴线等,奠定了长春市中心城区的基本骨架。“新京”规划建设在理念、方法、技术和制度上的专业性、科学性、合理性和前瞻性,经得起时间的检验,

直到今天都还值得长春的规划师认真分析并加以利用。

中华人民共和国成立后，经过三年的经济恢复，国民经济好转，为进一步加快国家经济建设，党中央根据以工业化为主体，以三大改造为两翼的过渡时期总路线要求，决定制定发展国民经济的第一个五年计划。而长春的第一汽车制造厂、国营二二八厂、松东李高压送电线路工程都是“一五”重点项目。同时，长春也建设了客车厂、柴油机厂、拖拉机厂等一批颇具影响力的工业企业项目。这些工业遗产集中体现了当时我国工业先进的技术水平：第一汽车制造厂制造出新中国第一台“解放牌”汽车；国营二二八厂研制的高速摄像机镜头为我国第一颗原子弹爆炸记录了全过程；长春拖拉机厂成为国内最大的轮式拖拉机生产基地。经过 70 多年的改造和建设，以一汽等大批现代工业企业为依托，长春作为现代化工业城市的城市特色已基本形成。这些工业遗产建筑不仅是企业的荣耀，更成为长春这座城市的荣耀，这些记录了长春的发展、变革的工业遗产建筑，见证着长春工业发展的进程。

**人民广场**　曾用名大同广场、斯大林广场、中正广场。始建于 1932 年。广场外径 300 米，中心直径 220 米，面积 27 648 平方米。广场中设有花坛、人行步道等设施，中央设有水准原点石标。（1945 年苏军进驻长春，将水准原点石标拆除，修建“苏军烈士纪念塔”）该广场建成后，这里成为长春最大的一座街心广场。

1932 年“满洲国”成立后，《新京都市建设计划》出台，规划在每个重要的位置都设计大型广场，通过广场和放射状道路来表现求心性和通景的效果，并能达到分散中心区机能的目的。大同广场（今人民广场）规划为城市的中心点。[1]环绕广场设置六个出口，分别连接着正南北的大同大街（今人民大街）、东南到西北的民康大路（今民康路）和兴安大路（今西安大路）、东北至西南的长春大街和建政路。

在广场周边预留了六块大型公建用地。到 1945 年伪满垮台，广场周边先后建成了“新京”特别市公署（现在原址上重建长春市委办公大楼）、“首都”警察厅（今长春市公安局）、伪满洲电信电话株式会社（今中国联通长春分公司）、伪满洲中央银行旧址（今中国工商银行）及 50 年代末建成的工人文化宫和吉林省宾馆。

如今，随着社会的发展及城市功能需求的变化，有些广场已被拆除（新发广场、解放广场、自由广场、工农广场等），但留下的这些，至今还在发挥着作用。



① 伪满时期在长春建设的街心广场还有许多，仅大同大街（今人民大街）上就建有 6 个广场，除此之外，还有安民广场（今新民广场）、西安广场等等。这种“中心放射形”的广场在功能、作用、形制上均大同小异。

建设初期的大同广场(今人民广场)全景(1930 年代)

人民广场(何敬卫,2022 年摄)

伪满南岭净水厂内部(1930 年代)

**南岭净水厂旧址** 南岭净水厂旧址位于南关区亚泰大街 7398 号,是长春第一座大型城市供水厂。由日本建筑专家佐野利器,京都大学教授、城市给水专家武田高四郎和城市排水专家草间伟共同设计完成。

1932 年伪满洲国成立后,“新京”市的规划目标是成为“亚洲第一大新兴都市”,而这一宏大规划背后的现实却是严重缺水,城市用水基本靠打井供应。因此,将地下水转向地表水,寻找水源并修建配套的净水系统成了迫在眉睫的任务。经过勘查，伪满当局决定在离伊通河较近的城市东南位置修建水源地——净月潭水源地。水源地确定后，便开始筹建配套设施——伪满南岭净水厂。

南岭净水厂一期工程1934年5月动工，1935年11月21日竣工投产，日供水能力2万吨。地表水经过混凝、沉淀、过滤、消毒等净水工序，由机泵通过输配水管道向市区供水。其以当时国际领先标准的设计、施工，成为集"取水、输水、净水、送水"四大功能于一体的现代化城市供水系统。1936年，净水厂进行了扩建，1942年，第二净化系统投产。后因太平洋战争爆发，三期工程因资源短缺而未施工。1947年停产。长春解放后，净水厂恢复生产。

1953年，发展国民经济的第一个"五年计划"正式启动，包括中国第一汽车制造厂等一大批重点工业项目落户长春，城市供水压力告急。为确保这座工业城市的正常运转，市政府决定续建当年南岭净水厂第三净化系统。由此，南岭净水厂的日净化能力提高到9万立方米，在整个"一五"期间，长春工业总产值增长近两倍的情况下，南岭净水厂充分提供了供水保障。随后，伴随着城市的发展，人口数量的增长，南岭净水厂先后扩建第三、第四、第五、第六、第七净化系统。至此，南岭净水厂从伪满时期的2个增加到7个，厂房从8座增加到35座，供水管线蛛网般逐渐织遍长春城区，这座水厂奔流不息运转了80多年。

2002年7月，南岭净水厂旧址被长春市人民政府公布为市级文物保护单位。2015年，随着最后一条清水管线切换完毕，南岭净水厂完成了使命。2018年9月29日，已改造成水生态文化园的南岭净水厂旧址，以焕然一新的姿态重新展现在长春市民面前。

建于1975年的第五净水投药间(何敬卫,2022年摄)

长春水文化生态园(何敬卫,2022 年摄)

**长春拖拉机厂旧址** 长春拖拉机厂旧址位于长春市二道区荣光路 59 号。1958 年建厂,厂房整体布局形成了以中央景观道为轴线的北方工业特色格局,两侧建筑基本对称布置,厂房建筑为高地跨排结构,红色砖墙的建筑外立面简洁、整齐且富有韵律,具有我国“二五”时期工业厂房的鲜明特色。

长春拖拉机厂旧址全貌(伪满皇宫博物院藏,2017 年摄)

长春拖拉机厂是国内最大的轮式拖拉机生产基地。1959 年 10 月 1 日，长春拖拉机厂试制的“上游-24”拖拉机参加了中华人民共和国成立十周年大典。20 世纪 60 年代至 70 年代生产的东方红 28 型拖拉机，产品畅销东北、华北、西北、中原等地区，并作为外援产品出口阿尔巴尼亚等国。周恩来总理曾亲临长春视察。80 年代，为适应农村改革，最先推出的小四轮型拖拉机供不应求。其生产的 12 型、150 型、250 型拖拉机荣获了国家金牛奖、牡丹奖及国际金奖等荣誉。

长春拖拉机厂厂房旧址(2015 年摄，伪满皇宫博物院藏)

长春拖拉机厂见证了中华人民共和国工业的成长，是长春红色工业的典型代表，成为长春市在中华人民共和国成立后“一五”“二五”时期独有的城市记忆，在长春工业史上占据着重要地位。2022 年，长春拖拉机厂旧厂房华丽转身，现已改造成“长拖 1958 工业遗址公园”，成为长春市民的又一处休闲打卡地。

## 三、艺术价值

艺术价值主要指建筑遗产本身及其周围环境所拥有和展示的某种重要的美学价值，具体指建筑遗产特有的空间和色彩构成、平立面构图、材料的肌理和质感、结构形式、建造工艺以及细部构造和图案等表现出来的艺术性，或建筑体现所属时代和地域的风格特征、审美需求和地方传统文化风貌。

长春作为近现代中国都市规划建设较早的实践者，其建筑在不同历史时期都带有实验性和探索性，其中包括国内外著名建筑师的代表性作品，以及国内外设计机构和营造商或其他施工单位的代表作，因此其近现代历史建筑风格充满了多元化的时代和地域特色，集中而鲜明地体现了 20 世纪建筑思潮与方法的发展进程，具有丰富的建筑艺术价值，在中国城市建筑史上占有重要地位。长春历史建筑的风格多样性，能帮助长春克服现代城市惯有的建筑外观千篇一律的平庸，摆脱审美疲劳，从而塑造出长春富有魅力的城市特色风貌。

长春现存的历史建筑在建筑方式及发展流派上包含了新艺术风格、西方新古典主义、中国固有形式、哥特式、折中主义和早期现代主义等多种样式，特别是伪满时期日伪军政机构旧址（即“官厅建筑”）等所谓“满洲式”风格最具独特性，从而让长春历史建筑的美学风貌因其规模与连续性，在世界建筑史上占有一席之地。

### （一）官厅建筑“满洲式”风格

官厅建筑“满洲式”风格，也就是所谓“兴亚”式风格，是长春历史建筑最具特色和代表性的风格。这主要和长春九一八事变后作为伪满洲国首都“新京”有直接关系，为掩盖殖民统治的政治本质，宣传所谓“五族协和”，达到麻痹中国人民反抗意志之目的，因此对“新京”公用建筑即官厅建筑在审美风格方面进行了特别的设计。

1932 年秋，日本著名建筑规划大师佐野利器①应关东军邀请担任“新京”城市规划顾问。佐野利器对“新京”建设提出了 11 项建议，其中第 9 条就是有关建筑风格的建议，他说：“商店住宅等普通建筑应多种多样，而且，恐怕也只能任其自然发展。唯诸官衙建筑，虽说其内部应以方便为主，外形应以质朴为宜，但是，鄙人还是希望以满洲的氛围为基调。”分析佐野利器这段话，其主要主张就是：民用建筑应该百花齐放，政府不予干预；公用（官厅）建筑则要追求：一方面，内部功能上要现代化和便利化；另一方面，外观审美风格要适应“满洲”（东北）的气候条件和中国的人文传统。正是佐野利器的这一主张，形成了后来长春代表性历史建筑的风格。

为了完成“新国家”氛围的营造，在“新京”的官厅建设中，日本建筑师借鉴了当时南京国民政府提出的“中国固有之形式”设计思想，可以说，在同时期相似背景的政治诉求下（南京与“新京”），中国传统样式的“大屋顶”以及

① 佐野利器（1880 年至 1937 年 12 月 5 日），日本建筑家、耐震构造学的权威。1903 年毕业于东京帝国大学工科大学建筑系，1918 年东京帝国大学教授，1923 年担任关东大地震帝都复兴计划复兴院建筑局局长，日本建筑学会会长。在日本建筑界、教育界、行政界都有极高的声望。

建筑构件、细部做法被充分运用到“满洲式”建筑中。“满洲式”就是把东、西方传统构件、细部做法杂糅成一体的近代建筑样式。当时著名的建筑行业杂志《满洲建筑杂志》首次刊登的“满洲式”建筑样式的说法，促成了“满洲式”建筑脱离“帝冠式”的基本框架，形成了自己独特的风格。

长春市内现存“满洲式”代表性建筑包括位于新民大街沿线的“一院四部一衙”，即伪满洲国国务院旧址、伪满军事部旧址、伪满司法部旧址、伪满交通部旧址、伪满经济部旧址、伪满综合法衙旧址，以及人民大街沿线的伪满首都警察厅旧址、伪满民生部旧址、伪满国民勤劳部旧址等。这些建筑从建成以来一直是所在街区的标志性建筑，其中最具有代表性的当数伪满洲国国务院旧址、伪满洲国综合法衙旧址等。

**伪满国务院旧址**　伪满国务院旧址位于长春市新民大街126号。1934年7月19日动工建设，1936年11月20日竣工，1937年1月交付使用。该建筑占地面积49 465平方米，总建筑面积19 115平方米，由石井达郎设计，大林组施工。

伪满国务院旧址是一座典型的中西方结合建筑。设计者石井达郎对中国传统建筑有着较深的了解。他在官厅的设计上受其老师佐野利器的影响，在建筑形式上充分贯彻了日本文化殖民战略所谓的“东亚的民族性”“民族协和”风格追求。因此，该建筑设计方案明显模仿了日本国会议事堂的设计构思，又将中日传统建筑因素和近代欧美建筑的形式结合在一起。建筑坐西朝东，以中心轴向两边对称分布，平面呈横“王”字形，建筑以白色花岗岩为基础，辅以深褐色的墙面。钢筋混凝土框架结构，主体五层，地下一层，两翼四层，塔楼六层。建筑风格仿造日本国会议事堂的同时融入北京午门形制，塔楼顶部采用中国传统的重檐四角攒尖顶，坡屋顶是向下凹曲线。塔楼每侧外面及入口玄关都装饰有四根罗马塔司干柱式。

伪满国务院(1930年代)

该建筑建成后，成为当时市内最高建筑，也是伪满建筑政治表现的代表作。目前，该建筑由吉林大学基础医学院使用，为全国重点文物保护单位。

伪满国务院旧址局部——塔楼（伪满皇宫博物院藏，2018 年摄）

伪满国务院旧址全景（伪满皇宫博物院藏，2019 年摄）

**伪满综合法衙旧址** 伪满综合法衙旧址位于自由大路108号，1936年6月动工建设，1939年7月竣工。该建筑占地面积104 000平方米，建筑面积14 859平方米，钢筋混凝土结构，造价84.87万元。由日本建筑师牧野正巳设计，伪满营缮需品局监理，高冈组施工。

设计师牧野长期居住生活在中国，对中国传统的建筑非常了解，但在设计该建筑时，他并没有受中国传统建筑风格的影响，也没有直接照搬日本的“帝冠式”和欧美的古典式建筑样式和构件，只是在局部装饰上运用了日本建筑传统的样式，在建筑的主体上更多的是用自己原创和更新的理念，该建筑没有采用通常的庄重柱式，中间高起的墙体采用弧形，建筑通体也采用了弧形曲线。另外，为避免广场和两侧道路噪声的干扰，特将临街的一面建筑做成单廊的形式，采用很窄小的钢窗。中间主体塔楼采用中国传统的重檐四角攒尖顶，屋顶镶紫红琉璃瓦。建筑外墙为竖向条纹的棕黄色面砖，相间当地产的白色砂岩石材组合而成，利用面砖的色差组成了不同的光影变化。

该建筑室内在门廊上方开有玻璃采光顶，中庭有四层楼高，是当时最高的室内空间，四周设有回廊，室内楼梯、扶手及墙裙采用米黄色水磨石贴面，水磨石装饰构件的质量达到当时最高水平。在楼前还设有一圆形喷水池，中间有石制的植物花卉喷水口，这是伪满官厅中唯一门前设有喷水池的建筑。

该建筑是继伪满国务院建筑之后又一最具“满洲式”风格的建筑。因在设计水平和现代创新上都独具特色，所以，在1940年被意大利建筑学会评为最具浪漫主义色彩的现代建筑之一。该建筑现为解放军第964医院，全国重点文物保护单位。

伪满综合法衙（1938年）

伪满综合法衙旧址(伪满皇宫博物院藏,2019 年摄)

**伪满外交部旧址** 该建筑是由法国建筑企业永和营造公司(Brossard & Mopin)设计的,公司 1915 年开办,本部设在越南西贡,1918 年迁入天津,取华名永和营造公司。永和营造公司设计的建筑包括北京饭店中楼、劝业场、起士林大楼、东北大学校舍等等。当年,日本曾向法国政府借贷建造伪满外交部大楼,因此该建筑也交由永和营造公司设计。

伪满外交部旧址现位于长春市建设街 1122 号,1933 年动工建设,1936 年交付使用。该建筑为砖混结构,主体两层、地下一层,建筑面积 9700 平方米。建筑平面布局非常灵活,立面造型也很丰富,外墙为当时流行的水平窄条厚面砖,主入口处如门楼般高大,整体建筑为城堡式西方建筑特点,是伪满行政办公建筑中形式最复杂的建筑。现由铭医集团使用,为全国重点文物保护单位。

伪满外交部(1930 年代)

伪满外交部旧址(伪满皇宫博物院藏,2019 年摄)

## (二)新艺术运动风格

新艺术运动风格是 19 世纪末 20 世纪初在欧洲和美国产生并发展的一次影响面相当大的“装饰艺术”运动,涉及领域包括了建筑、美术及实用艺术方面。但是新艺术运动风格建筑代表作品在欧洲时间短,留存较少,长春留有明显实例的是大和旅馆旧址和中东铁路宽城子站俱乐部。

**大和旅馆旧址** 大和旅馆旧址位于长春站前广场。1907 年底开工建设,1909 年竣工。建筑面积达 7746 平方米,总工程费为 300 万日元。由“满铁”建筑工程师市田菊治郎和平泽仪平设计。

该建筑是“满铁”附属地内早期投资最大、规格最高的旅馆。设计上吸收了欧美先进的建筑风格,楼身坐南朝北,平面布局呈马蹄形,正门前是金属玻璃结构的拱顶廊檐,圆形的入口及圆形的窗口装饰、流动的线条、整齐简洁的造型,使整个建筑充满活力。南楼三层,北楼两层,错落相连,在“满铁”所建的建筑中属于比较少见的新艺术运动风格作品。现为春谊宾馆,保存完好。

大和旅馆（1930 年代）

大和旅馆旧址（何敬卫，2022 年摄）

**中东铁路宽城子站俱乐部旧址**　中东铁路宽城子站俱乐部旧址位于长春市宽城区凯旋路 1717 号。始建于 1903 年，是中东铁路宽城子附属地最大的生活娱乐设施。

中东铁路宽城子站俱乐部旧址(何敬卫,2022 年摄)

该建筑主体两层，砖木结构，铁皮四坡屋顶，入口为圆弧形，窗户窄而高，外墙水泥抹面并涂成白色，东侧屋顶带有锥形角楼，为典型的俄罗斯风格。一楼的正门处有门廊，门廊是典型的俄罗斯处理方式，不同色彩、不同纹理的木材组合在一起，形成了木斗的精美装饰纹样。主入口的门套分两层，外层为竹节状环拱，内侧一圈为水纹花边与简洁的花朵和草纹的组合。整个门呈半椭圆形，柔美浪漫的曲线线条与俱乐部的娱乐性质相符合。门两侧长拱形窗上的三角形装饰，与整体建筑的尖顶相呼应，形成协调感。建筑一楼窗户采用了上部梯形，下部长方形的样式，二楼窗户采用了上圆拱的造型，窗和墙之间有螺旋形浮雕壁柱装饰，圆柱曲线优美，展现了俄式建筑的特点。俱乐部既有新艺术形式的线条，又有局部的哥特式塔尖角楼，体现了浓郁的新艺术形式和细致的局部设计。建成后，这里成为俄国铁路军政要人和显贵的娱乐场所。其也是中东铁路宽城子火车站区域内建筑中唯一的楼房。

该建筑旧址外体仍保持原貌，基本保护完好，由吉林省人民医院凯旋分院使用，为长春市市级文物保护单位。

### （三）新古典主义风格

新古典主义建筑风格始于 18 世纪中叶，因新古典主义运动而产生。新古典主义风格注重古典艺术形式的完整，雕刻般的造型，追求典雅、庄重、和谐，主要以古希腊建筑和意大利的帕拉第奥式建筑为模板。长春的伪满中央银行旧址就是该风格的代表建筑。

**伪满中央银行旧址** 伪满中央银行旧址坐落于人民大街 2030 号，位于人民广场的西北侧。1934 年 4 月 22 日动工，1938 年 6 月 15 日竣工，工程历时四年多，花费 1000 万元（原计划造价 600 万元），是伪满洲国单栋总面积最大、建造时间最长、造价最高的建筑。

该建筑由曾经长期担任日本第一银行建筑课长的西村好时设计。西村好时把当时日本比较流行的欧洲文艺复兴式建筑风格照搬过来，这也是近代日本西方化的重要表现。建筑为欧美银行特有的建筑形式，主体呈左右对称样式（右侧在伪满洲国时期完成，左侧在 20 世纪 80 年代完成），主体立面有 10 根直径 2 米粗的古希腊多立克式石柱，给人以“厚重的神殿般的感觉”，意为中流砥柱、信用坚固。入口侧门采用水平推拉式，室内一楼营业大厅通透、宽敞高大，大厅的正面与两侧有 28 根大理石贴面的塔司干巨柱凌空支撑屋顶，大厅中央顶部有一巨大的拱形钢结构玻璃天窗，建造的咨询台、休息座椅、写字台均为古希腊风格的大理石雕刻而成。

该建筑耐震耐火，对空袭亦有特殊防御设备。设备均为当时最新样式，也是最现代和最精良的，被日本称为亚洲第一坚固建筑。该建筑现由中国工商银行长春分行使用，为国家重点文物保护单位。

伪满中央银行（1940 年代）

伪满中央银行旧址(何敬卫,2022 年摄)

## (四)折中主义风格

折中主义建筑风格是 19 世纪上半叶至 20 世纪初，在欧美国家中流行的一种建筑风格，是欧美在东南亚殖民地外廊建筑样式流传到中国东北地区的典型实例,其建筑风格与工艺凸显了中西文化的碰撞与融合,但在建筑使用功能、构筑材料、内在结构和外在形式上,已经明显不同于传统建筑形式,成为向近代建筑转折的一个标志。折中主义风格的建筑在长春现存有吉长道尹公署旧址、伪满皇宫勤民楼旧址等。

**吉长道尹公署旧址** 吉长道尹公署旧址位于长春市南关区亚泰大街 669 号,建于 1909 年,占地面积 2.5 万平方米,建筑面积 2000 平方米,花费白银 9 万两,是由外国建筑师设计、中国人主持修建的中西结合的建筑群。

吉长道尹公署(1920 年代)

该建筑为钢筋混凝土结构,建筑布局打破了中国传统的坐北朝南规制,而是坐西朝东建造,整体建筑采用外围廊设计,正面为 14 根水泥圆柱撑起三角头品字形门脸,水泥门楼高 12 米，门柱垛头装饰山花点缀，巴洛克曲线整体连接，门楼高大典雅，颇有气势。主体建筑设为门楼、大堂、二堂、三堂，且在同一中轴线上，并采用中国传统的木廊式进行连接。主堂是长官办公之所，建筑高 7 米，庄严肃穆，占地 700 余平方米，厅堂内部空间宽阔明亮。侧堂是衙署长官的住房，位于院落北侧，为全围廊式，四坡屋顶，人字屋架，上设老虎窗。立面墙体部分以青砖砌筑，水泥砂浆做线脚。这里是长春最早安装电话、电灯和暖气的中国建筑。

该建筑是为了遏制日本“满铁”附属地不断扩张，同时也为了支援商埠地建筑的发展而建。2002 年，对该建筑进行了保护性修复，现由长春地方志馆使用，为全国重点文物保护单位。

吉长道尹公署旧址全景图（何敬卫，2022 年摄）

吉长道尹公署旧址正面图（何敬卫，2022 年摄）

**伪满皇宫勤民楼旧址**　伪满皇宫勤民楼旧址作为伪满皇宫主体建筑之一，位于伪满皇宫西院的中轴线上，建于宣统三年(1911 年)，原为吉黑榷运局办公楼。1932 年至 1934 年经过修缮后，成为溥仪处理政务及接见关东军司令官、外国使节和日伪官吏的办公楼。

建筑地上两层，砖木石混合结构，建筑面积 1694.8 平方米。平面为口字形的外檐廊围合的内庭院布局。口字形环楼的中间为方形露天天井。南立面作为建筑的主立面，纵向分为三段，建筑主体上覆平缓坡屋顶，中间的突出部分上置绿色铁皮穹顶，穹顶下方的主入口与该建筑的北向入口相对称。二楼外围采用外檐廊设计，全包围方形窗贴脸装饰。一楼窗则采用椭圆形全包围贴脸，并在主入口的两侧立面设计了上下组合的爱奥尼克壁柱，柱头有一对向下的涡卷装饰，使其纤细秀美。整栋建筑巧妙地将中西文化相融合，简洁而不失灵动。

勤民楼(1930 年代)

1946 年该建筑曾发生火灾，二楼被烧毁，2005 年对该建筑进行保护性修复，现全面开放。为全国重点文物保护单位。

勤民楼旧址(何敬卫，2022 年摄)

勤民楼天井旧址(何敬卫,2022年摄)

## (五)哥特式建筑风格

哥特式建筑风格诞生于11世纪下半叶法国，在13—15世纪开始流行。其显著特点是建筑高耸消瘦，给人一种整体向上的感觉,多用于教堂。长春天主教堂正是属于此风格。

长春天主教堂(1930年代)

**长春天主教堂旧址** 长春天主教堂位于长春市东四道街106号,1930年修建,1932年10月3日大教堂建成。该建筑坐南朝北,砖石结构，建筑面积700平方米，平面呈拉丁十字形。教堂南部两侧建筑,在外部是两个八角形的耳房，耳房两侧与教堂相同。外部形式沿袭了欧洲文艺复兴时期哥特式建筑风格，中间高起的塔楼上是八角锥形尖顶，四周环绕小塔尖，八角锥形尖顶上装饰有十字架。主入口位于建筑的北立面，设有三扇拱门，门上部为圆形玫瑰窗装饰，线脚细腻丰富，建筑材料采用青砖磨砌而成，大殿高大明亮，内部装饰雕工精细，富丽堂皇。

该建筑 1985 年重新修复，修复后的教堂保存完好。现在，吉林省和长春市天主教爱国会都设在这里。为省级重点文物保护单位。

长春天主教堂(何敬卫，2022 年摄

## （六）现代主义早期风格

20 世纪初期，在长春陆续出现了具有现代主义早期风格特征的建筑物。现代主义建筑在外形和内部装饰上，都采用当时的新材料、新技术，提高了建筑本身的功能性。内部设施完备更具人性化，施工方面更加专业化和科学化。伪满关东宪兵司令部旧址、大兴公司旧址、满洲炭矿株式会社旧址、伪满大陆科学院旧址、伪满中央银行俱乐部旧址都属于此风格建筑。

伪满中央银行俱乐部(1940 年代)

**伪满中央银行俱乐部旧址** 伪满中央银行俱乐部旧址位于城后路302号（今新华路与建和街交会长春宾馆院内），本以“为本行职工提供休闲娱乐”的名义修建，实际上却成为伪满政府高官、军界及企业界要人重要的社交场所。

该建筑由日本设计师远藤新①设计。1934年5月动工，同年12月竣工。俱乐部占地约10万平方米，由室外运动场、武道场、网球场、棒球场、游泳池及室内的宴会厅、演出大厅、花厅、谈话间、台球室、棋室、阅览室、客房等设施组成，以功能全面、设施优良而驰名。

原建筑地上两层，混凝土结构。主体总建筑面积1960平方米。建筑充分结合地形设计，坐北朝南，平面呈“十”字形。室内空间利用地形的高低差，以台阶进行组织，在室内营造出丰富的空间效果。主入口位于建筑东侧，由两个对称半圆形的拱形门洞形成半封闭空间，穿过门洞拾阶而上方能到达入口，入口下设有玻璃花棚。建筑主体上覆大挑檐坡屋顶，立面为了配合功能的需要，采用长条窗、半圆形窗、小方窗、竖向窄条窗等多种开窗形式，形成了丰富的立面效果。建筑材料采用浅棕黄色窄条有横向纹理的面砖饰面，强化了整个建筑的横向线条，同垂直向上的烟囱形成强烈对比，加强了整个构图的平衡感，凸显了建筑的自然特征和朴素气质。远藤新将建筑外墙的浅棕黄色面砖材料沿用至室内通廊和门厅，以体现草原式住宅质朴的风格。值得一提的是，远藤新为了与中国传统文化相结合，还专门设计了藤棚。这种全新的景观设计方式对中国建筑业产生了一定的影响，并被广泛传播和应用。至今，在长春市不少现代住宅小区的景观设计上，仍能看到这种藤棚的影子。在建设期

伪满中央银行俱乐部旧址（何敬卫，2022年摄）

① 远藤新（1889年6月1日—1951年6月29日），日本著名建筑家。毕业于日本东京帝国大学工科部建筑学专业，师从美国建筑大师弗兰克·劳埃德·赖特，曾协助赖特完成东京帝国饭店的施工。在他自己的设计中，一直秉承着赖特所倡导的“草原式”风格特色，曾获1935年至1937年优秀建筑设计奖。1933年5月，远藤新来到长春，接受了为银行职员设计一系列居住和娱乐性建筑的委托。1933年，接到为伪满中央银行设计专属俱乐部的任务。他所追求的“草原风格”主要体现在建筑造型力求新颖，彻底摆脱折中主义的套路；建筑布局则与大自然相结合，同周边环境融为一体。在伪满洲国时期，他在长春设计建造了包括伪满中央银行俱乐部在内的26栋“草原风格”建筑，几乎涵盖了他在日本以外的全部建筑业务。他设计的建筑还有伪满洲中央银行总裁官邸、伪满洲中央银行副总裁官邸、伪满洲中央银行理事官邸等。1946年，在长春工作生活长达13年的远藤新返回日本。

间，由于建筑经费不足，原设计方案中俱乐部西侧的演出大厅和事务室被暂缓建设。直到伪满中央银行俱乐部成立十周年之际，1943 年，被削减的西侧演出大厅（今天官厅）和事务室才开始动工修建。此建筑堪称远藤新晚年的杰作，在当时得到了很高的评价，获得了由伪满洲国国都建设局颁发的“民间建筑优秀奖”，被称为大放异彩的建筑作品。伪满洲中央银行俱乐部成为建筑师留下的经典建筑。

现长春宾馆藤棚（何敬卫，2022 年摄）

## （七）长春的“建国十大建筑”

从 1958 年开始，作为中华人民共和国成立十周年的献礼工程，在北京“建国十大建筑”的影响下，长春市也开始有计划地建设“建国十大建筑”。长春的“建国十大建筑”，无论从建筑质量还是从建筑美学的角度，都经受住了时代的考验，在设计、用材、工艺等方面都十分考究，达到了相当高的水平，现已成为经典作品。“建国十大建筑”全部由中国本土建筑师、设计师设计，风格多元，兼收并蓄，在钢筋混凝土的外表下，营造出独特的美学特征，开启了中国本土建筑设计民族化探索的步伐。

**长春市体育馆** 长春市体育馆位于人民大街2999号，是“一五”期间长春市的重点建设工程，是吉林省第一座规模最大的公共综合体育馆。1956年10月开工，1957年11月竣工，由吉林省建筑设计院设计，长春第一建筑工程公司施工。

该建筑占地面积3.2万平方米，建筑面积1.4万平方米，建筑共四层，钢筋混凝土框架结构，顶部为大跨度网状角钢结构，建筑平面呈“工”字形，立面对称布局，主入口处正门和两翼分别饰有纹样和五角星图案浮雕。1988年，该建筑作为“世界建筑的成功之作”入选英国的《世界建筑史》。

长春市体育馆(伪满皇宫博物院藏，2019年摄)

**吉林省图书馆旧址** 吉林省图书馆旧址位于新民大街1162号，1957年动工，1958年建成投入使用，为中国传统仿古风格，由吉林省建筑设计院卜毅主持设计，长春第一建筑工程公司施工。

该建筑占地面积2.4万平方米，总建筑面积1.2万平方米，钢筋混凝土结构，平面呈“T”字形。原设计方案是具有中国古典建筑风格的琉璃瓦、双层大屋顶，因为国家号召厉行节约政策，改成了单檐屋顶。在建筑风格上还是采用了传统的仿古建筑形式，建筑立面简洁对称，造型美观，与新民大街上的其他建筑在体量、造型和色彩上保持基本一致，是单体建筑与周围建筑群体环境结合较好的实例。现为吉林省文广旅厅的办公楼。为吉林省文物保护单位。

吉林省图书馆旧址(伪满皇宫博物院藏,2019 年摄)

**中国科学院长春应用化学研究所** 中国科学院长春应用化学研究所位于人民大街 5625 号,由中国科学院设计院主持设计,吉林省第一建筑公司施工,1962 年建成使用。建筑面积 11 590 平方米,地下一层,地上五层,局部六层,钢筋混凝土结构,建筑呈长方形,造型对称布局,屋角起翘和仿斗拱,外墙贴乳白色瓷砖,整体庄重严谨,是中国传统建筑形式与现代建筑风格相结合的大型科研建筑工程。现为吉林省文物保护单位。

中国科学院长春应用化学研究所主楼(何敬卫,2022 年摄)

## 四、科学价值

历史建筑的科学价值，首先指建筑遗产作为人类的创造性成果本身所蕴含积累的，对今天的建筑设计规划建造还具有资鉴启迪作用的经验智慧；其次是指建造过程对社会生产力水平、社会经济状况和社会科学、技术发展水平的实物见证价值。需要注意的是对历史建筑科学价值的评价，不能完全以今天的科学技术水平去衡量，而要将其放到当时的社会背景中去考量。

长春作为中国近现代城市规划建设的典型，城市发展过程有其特殊性，由于各种文化、政治和经济因素，在发展过程中城市的功能分区、道路系统、地下管网设计、绿化园林布局及人居等多方面的规划理念和性质也发生了很大的改变，城市形态也随之改变。

长春的历史建筑尤其是伪满洲国时期“新京”国都规划建设的重要成果作品，除率先采用了新材料、新工艺、新技术、新理念之外，它们对东北地理气候自然条件的适应、对中国人文传统美学的承接、对现代化使用功能与审美趣味的追求和综合优化设计，都做出了大量颇具专业性和科学性的努力探索，在当时世界范围内都具有鲜明的探索性和前沿性，从而成为近现代建筑科学研究的实物样本。同时，长春的绝大多数历史建筑，在建设过程中都有科学规范的建筑档案记录和文献保存，这些档案文献内容涵盖建造技术、选址、规划布局、设计、选材、原材料加工、构件加工制作以及施工组织与管理等多方面，为中国近现代建筑史和城市规划史研究提供了完备而可信的史料基础。其中的经验和智慧对今天的长春城市规划建设仍然具有重要的遗产价值和借鉴作用。

### （一）规划学价值

长春在厅府建制城市时期城市建设还没有自己的规划，是自发演变形成的。城市雏形的形成应是在半殖民地铁路枢纽城市时期，随着殖民地深入发展，导致一段时间长春城区分为老城区、中东铁路附属地、“满铁”附属地、商埠地四块区域。每个城区根据各自的需求进行了不同的规划。中东铁路附属地采用的是欧洲“希波丹姆斯”规划布局，棋盘式方格路网。可以说，中东铁路附属地拉开了长春城市近代化的序幕。“满铁”附属地在规划设计上采用棋盘式布局模式及欧洲“希波丹姆斯”方格网式布局，市街中心设置大型广场，辐射出五条道路，放射状格局，同时配大型建筑，丰富了城市的建筑风格，体现了西方文化的传播，促进了城市的近代化发展，加深了长春的殖民化。为与“满铁”附属地竞争而出现的长春商埠地借鉴了“满铁”附属地模式，采用圆形广场与斜向放射形道路相结合，将长春先后建成的(老城区、中东铁路附属地、“满铁”附属地、商埠地)四块城区连接在一起，形成了长春市的雏形，也是长春市第一次有了自己的规划，促进了城市近代化发展，长春开始有了近代城市的模样。

长春成为伪满洲国的首都后，进入了殖民地政治中心城市时期。1933年，在国际现代建筑协会(CIAM)雅典会议上，对世界城市规划进行了主题分析，并提出了关于“功能城市”的《雅典宪章》，对城市规划学颇有影响。《雅典宪章》总结了现代主义城市规划的功能分区原则。在“新京”国都规划中，除了引进西方技术和规划经验，日本方面对政治和文化因素的重视胜过对技术、经济的考虑。一系列以“建国精神”“尊孔”为内涵的重要纪念物的实施，加上“满洲式”建筑的大规模建设，最终使得“新京”形成了与上海、天津、青岛、哈尔滨等租界城市不同的城市景观。在城市规划中，设计者根据使用对象不同，采取用地分区制度。按功能设置城市中心及多个次城市中心；道路网规划集合了放射状、环状和方格网型三种道路模式，还在各个主要交叉路口设置了各种广场，这成为长春城市空间的特色之一。“新京”规划对城市道路也进行了分级，将市内街道分为干线、支线和补助线三种(《“新京”城市计划概要草案》)，后细分为4等11种各类街道，街面宽度从5~60m不等(《“新京”城市计划概要》)。目前一些主要的街道和街区已成为今日长春老城区骨架的重要部分，结合绿化带形成城市绿化体系。伪满“新京”时期公园绿地规划是将伊通河支流扩大成人工湖，使市内大公园都有较大湖面，利用区域内的河流及低洼地带形成数条楔形公园绿化带，并在台地部位设置城市广场。同时，连通城市的公园与街道绿带系统，并与外围的绿化系统共同构成了全市的公园绿地体系。据统计，到1940年，城市公园面积达到5 480 000平方米，包含运动场、苗圃面积，实际建成绿地10 800 000平方米，人均达 31 平方米；排水实行分流制，第一次有了统一的城市规划，城市空间规模迅速扩大，设施建设空前发展，建造了一批具有特色与先进设施的大型建筑。公园绿地与分流式排水管道浑然一体的规划设计在当时世界少有；设置邻里单位居住区，为了吸引更多的日本移民，“新京”规划相当重视住宅区的建设。美国人佩利在 1929 年最早提出“邻里单位”的概念。而在 1934 年，这一概念即被引入“新京”的建设之中，目前在长春还留存着当年的住宅群（东朝阳路、东中华路）。这些在长春的早期规划实践，对日本在 1938 年进行的大同规划也产生了影响。此时的长春为消费型城市，带有浓重的殖民主义特征。

直辖市省会建制城市时期。中华人民共和国成立前，长春的城市建设基本处于停滞状态。中华人民共和国成立后，特别是“一五”“二五”期间，形成了西南、北部、东部三大工业区，并制定了市政、文教、交通等十几个行业，被划定为东北老工业基地，由消费型城市转为生产型城市，改造长春历史遗留下来的不合理城市布局，标志长春市近代化的完成。

### （二）建筑学价值

1. 新材料的使用

20 世纪 30 年代后，长春城市中 4 ~ 5 层甚至以上的“高层建筑”被大量兴建，基本都采用钢筋混凝土框架的结构形式，官厅建筑有伪满关东军司令部、伪满国务院、伪满综合法衙、伪满民生部、“满铁‘新京’”支社等;民间建筑有宝山洋行、康德会馆等，由此彻底改变了长春城市的轮廓线。

在今天，长春留存的历史建筑中，钢筋混凝土结构建筑占比最大。根据东北地质情况研发，并在长春建筑上应用的硅酸水泥、特种玻璃、釉面条纹砖等建筑材料已经处于国际领先地位。水磨石制品、瓷砖、墙砖被广泛使用在楼地面、楼体、墙裙等处，并与同时期的上海洋楼式建筑同样使用了大量相同材料的装饰构件。当时著名建筑业刊物《满洲建筑杂志》曾撰文：“建筑是建立在现代科学进步和机械文明发达之上的，建筑材料和形式的变化大都影响其发展。”

**宝山洋行旧址** 宝山洋行旧址位于宽城区新发路1号（今欧亚新发商场）。由石本事务所设计，东京山田工务所施工，日本商人前田伊织投资修建。

该建筑是一座呈舰船形状的楼房，钢筋混凝土结构，建筑面积6849平方米，主体地上六层，地下一层，顶层设有屋顶花园、旋转楼梯和展望台，在楼顶可一览城市市容。一层外墙底部为青灰色花岗岩贴面，上部为灰白色面砖。墙面竖向装饰线条直通2、3、4层，使整栋建筑灵动秀美。1937年11月开业，营业面积5000平方米。商品种类多达6000余种。因其种类繁多，生意红火，日本称其为“全满第一”。现由欧亚新发商场使用。为长春市文物保护单位。

宝山洋行(1930年代)

宝山洋行旧址(何敬卫,2022年摄)

**康德会馆旧址** 康德会馆旧址位于人民大街75号，由日本三菱财团投资，三菱合资会社地产课藤村郎设计，大林组施工。

该建筑占地面积6925.6平方米，总建筑面积8898平方米，钢筋混凝土结构，地上四层，半地下一层，属于日式欧美现代建筑风格。建筑全部构造为石基钢筋混凝土建筑，楼体采用钢体框架结构，外立面简洁。建筑主体高20米，塔楼距地面38米，底部外墙及入口部分用大块砂岩石贴面，厚重的蘑菇石颇显庄重，龙卷式门罩上方及楼顶的女儿墙装饰成垛口的样式，呈现出带有防御功能的城堡式意向。楼顶上方为方形双层塔楼，周围四座小塔围着高大的主塔，四角攒尖上覆铜瓦显得挺拔秀气，具有典型的满洲建筑气息和特色。楼内还备有两部电梯。1985年，该建筑去掉了塔楼并加建两层。2020年，塔楼重新修建，现由财金中心使用，为市级文物保护单位。

康德会馆(1930年代)

康德会馆旧址(何敬卫，2022年摄)

第二章 遗产的丰盛：长春历史建筑的价值分析

**满铁“新京”支社旧址**　满铁“新京”支社旧址位于长春火车站广场南侧，人民大街西侧。1935年6月3日动工，1936年7月9日竣工，由“满铁”地方部工事课太田宗太郎设计，钱高组施工。

该建筑占地面积1839平方米，建筑总面积9724平方米，钢筋混凝土幕壁式结构，地上四层，局部五层，地下一层，由地基到最高屋顶26.8米，外墙腰线为人造石和花岗岩石，上贴浅黄色面砖，二至四层外墙原贴浅棕色面砖，现改为红色面砖。底部为蘑菇石，入口上方有六条突起的竖向装饰线条，门廊两侧墙面也各有两条突起的装饰条与之相呼应，入口处有两个特大的铜座灯，内设两部电梯，它是“满铁”附属地内最大的建筑。2000年，在该建筑上加建一层，现为沈阳铁路局长春办事处，保存完好。

满铁“新京”支社(1930年代)

满铁“新京”支社旧址(何敬卫，2022年摄)

2. 新设备的应用

随着新工艺、新材料的大规模投入使用，现代化的室内设备和设施系统如自来水、采暖、通风、照明以及电梯等，开始出现在公共建筑中，级别较高的建筑中安装了早期的空调系统，并且根据东北寒带地区特点，对建筑墙体、门窗均采用了双层的构造做法。散热器、高档木材、高质量的门窗隔扇及五金件基本都从北美及日本进口。无论官厅建筑还是民间住宅，长春主城区基本普及了室内水洗厕所，领先于当时国内绝大多数城市，这是由当时政府规定的标准化、工业化建造形式所带来的结果。在这一时期，长春的城市化速度居全国首位。

伪满治安部旧址外壁的纹章(伪满皇宫博物院藏,2018 年摄)

大和旅馆旧址内部玻璃装饰

(伪满皇宫博物院藏,2018 年摄)

日本关东军司令官官邸旧址大厅装饰

(伪满皇宫博物院藏,2017 年摄)

3. 技术革新的影响

进入三十年代，长春先进的施工工艺和施工机械设备等都陆续被使用，使得长春城市建设速度愈发迅速。根据当时统计，日本本土施工周期为483.45 平方米 / 月，不算冬季结冰期工程停工，长春当时的工期为 681.78 平方米 / 月，是日本的 1.4 倍。当时的业内人士这样评论："满洲的施工方法十分接近美式施工方法，比日本国内施工方法快得多。"

自来水、电梯、空调、抽水马桶等新设备陆续应用到建筑行业当中，是近代建筑区别于传统建筑的另一个重要标志。城市里用水和用电的供应属于基础设施，因此近代以来城市中兴建了与之相关的自来水厂、发电厂和水电站，而抽水马桶等卫生设施的使用也与城市上下水道管网的铺设相关。这改变了人们的生活方式，形成了新的城市景观。这些历史建成环境成为长春从边疆集镇向近代化中心城市转型的重要历史见证。

**净月潭水源地** 净月潭位于长春市净月大街 5840 号。1934 年 5 月开工建设，1935 年 11 月 21 日竣工，1936 年 1 月正式投入使用。该工程由关东军土木课设计，"新京"特别市建设局技术处水道科施工，工程造价 350 万元。因为当时一年前，台湾的日月潭水库已经建成使用，所以，伪国都建设局局长郑禹为这座水库起名"净月潭"。

净月潭水库包括土坝、输水管道、溢洪道和一座圆攒尖顶的取水塔，水坝长 555 米，高 19 米，集水面积 79 平方公里，水域面积达 4.7 平方公里(是南湖公园水面的四倍)，总库容量 2574 立方米，日供水 4.2 万立方米，由净月潭向市区南岭净水厂铺设了 3 条管道，输水管道直径 0.4 米，总长达 37.8 公里，成为长春市的主要地表水源。

与此同时，为了把净月潭打造成"新京"的风景区，1936 年，伪满产业部林野局林野试验室将净月潭设定为造林场，1938 年改为实验林，在缓坡丘陵地带及大部分农耕地上种植白杨、榆树、柳树，在 7000 公顷的净月潭区域内，贮水池面积约 600 公顷，而造林面积就达 600 公顷，天然林面积为 350 公顷。为了培植苗木，还特地在园区里设置了两处苗圃，其面积达 43 公顷，并为此设立了两个苗圃事务所及一个实验林事务所。在水源地种植了红松、黑松、樟子松、落叶松等 30 多个树种，号称亚洲最大的人工林。现为净月潭国家森林公园，国家 AAAAA 级旅游景区，市级重点文物保护单位。

伪满时期的净月潭水塔(1930年代)

净月潭水塔(伪满皇宫博物院藏,2017年摄)

## 五、社会价值

历史建筑作为一种承载了地域性和时代性的文化遗产，具有影响、引导、代表、象征、限定当代特定的公众文化和价值取向或寄托情感、进行思想教育的能力。社会价值就是指历史建筑这种在知识的记录和传播、文化精神的传承、社会凝聚力的产生等方面所具有的社会效益的价值。长春历史建筑在这方面的价值包括：

（一）爱国主义教育。长春历史建筑在中国近代史、日本侵华史、抗战史、党史、解放战争史、社会主义建设史等方面的学习教育中，具有重要的场景见证作用，长期以来一直在爱国主义教育方面被广泛和频繁利用。

（二）养成家乡自豪感，增强文化自信。长春在中国近现代工业化和城市现代化建设方面，多次扮演过领先者角色；在新中国建设成就中贡献重大，地位显赫，曾被誉为“共和国长子”，从电影到汽车制造、从光学仪器到轨道交通，都曾创造过多项中国第一的纪录。承载着这些光荣历史的建筑，也因此具有培育长春人家乡自豪感和发展信心的社会教育价值。

（三）培育和强化城市归属感。历史建筑遗迹是城市的文化古迹，代表着这个城市的人文底蕴，是城市生命的一部分。“让城市留住记忆，让人们记住乡愁”，历史建筑是城市历史记忆的载体，尊重和善待城市中的老建筑，就是在呵护和保留城市历史文化记忆。对家乡的历史记忆越丰富，人们对家乡的情感联系就越紧密，归属感和认同感就越强。在这方面，长春历史建筑具有待开发利用的巨大潜质。

## 六、文旅价值

文旅价值即历史建筑作为旅游景点资源的开发利用价值，这也是历史建筑最显明的价值属性。历史建筑的文旅价值是从建筑本身的文物价值、历史价值以及艺术审美价值等价值属性派生出来的，历史建筑的知名度、独特性、典型性、真实性、稀缺性和不可再生性等特征越明显，其文旅价值就越大。长春历史建筑的文旅价值表现在：

（一）知名度。长春曾作为伪满洲国国都和中华人民共和国工业重镇的重要史实，为中国人所熟知，因此相关历史建筑的知名度也由此而来。如溥仪居住的伪满皇宫建筑群、伪满八大部旧址、伪满关东军司令部旧址以及长春电影制片厂旧址、“一汽”老厂区等等，均为全国各地游客所熟知，在公众中有较高知名度、影响力，吸引了成千上万的游客慕名而来。

（二）真实性。历史古迹、建筑遗址的真实性是其文旅价值的重要影响因素，与很多城市为旅游开发而新建“假古迹”不同，长春的近现代历史建筑大都因为建筑品质高和使用功能完善，而免于大规模的拆毁，得到了比较完好的保存。在人文历史旅游中,遗产资源的真实性从来都是旅游质量信誉最重要的保证,长春历史建筑的文旅价值必将因此而与日俱增。

(三)规模性。长春历史建筑保存的规模较大,功能种类也比较完整,而且重要的建筑群均呈带状、片状连续分布,具有规模化、集群化开发的基础。尽管目前开放程度不够,但一旦加以系统化开发利用,在街区化旅游情景体验营造方面,具备很好的基础条件。

(四)独特性。总体而言,长春历史建筑既不是中国传统建筑的简单承袭,也不是西方或日本建筑的殖民主义粗暴移植,而是深度融合了中西、中日、传统与现代建筑美学特点,并主动适应了东北高纬度地理气候条件。在中国传统特色的建筑风格谱系中,一直缺乏高纬度地理气候条件下规模化的建筑艺术创造,从美学风格的角度看,长春近现代建筑对我国建筑美学具有补白作用。相对于国内其他城市的历史建筑,长春历史建筑的美学风格具有鲜明的创新性和独特性。这种建筑艺术风格特点,无疑构成其文旅价值的深刻内涵。

## 小　结

长春作为一个近代兴起的大都市,在城市活动的各个方面具有近代城市典型发展规律和自身特征。它给我们留下了丰富的遗存。这些珍贵的历史遗存展现了长春发展的历史、社会的变革,体现了各个不同时期经济发展的水平,反映了居民的习俗、文化素养、社会道德、生活情趣和心态特色,具有很高的研究和保护价值。这些价值可以细分为社会历史价值、科学技术价值、文化艺术价值、社会教育价值、文旅价值等。

全面认识这些价值,是正确对待这些建筑遗产的必要前提。在全面认识的基础上准确地阐述表达好这些价值,则会为充分保护利用好这些建筑遗产创造良好的社会氛围和舆论环境。

我们所要做的全部保护工作最终要达到的目的,可以归纳为:使历史具有清晰的可览性、可辨性,满足对社会教育及其他文化艺术活动的要求;使历史具有延续性,并在今天的建设中充分认识传统的价值,使后人得到启迪;认识城市历史的生命力,满足城市发展的要求,并不断激发城市的活力;满足城市居民对城市环境视觉上、精神上的需求;满足观赏、旅游的需要。

# 第三章　时代的递进：长春历史建筑价值的认知变化

如前文所述，长春历史建筑蕴含着丰富的价值属性，但这些价值属性并不是现成地摆在外面让人一目了然，而是像金矿一样需要我们挖掘研究和发现，这个发现过程就是对价值的认知过程。

人类对事物的认知，是一个受社会实践决定而不断变化的过程。同样对长春近代建筑价值的认识，也受时代和社会环境等外界因素的影响，表现出鲜明的时代性，经历了一个由浅入深、由表及里、由片面到全面不断拓展的动态过程。依据这种认知程度的变化，我们可以将这种对长春历史建筑的价值认知过程，大致划分为三个不同的阶段。

## 一、罪证展示的单一性价值认知(1960 年代)

中华人民共和国成立初期，长春的近现代历史建筑，无论是从年代还是从情感上，都不可能被当成需要予以特别保护利用的对象，除伪满皇宫之外，其他建筑均作为普通物业资产被人民政府接管后分配给各机构单位办公使用。

20 世纪 60 年代，在长春伪满建筑遗址中，伪满皇宫是唯一实现向博物馆功能转换的例子。这得益于当时的政治形势：在文化领域全国各地都在大力兴建阶级教育展览馆，那些记录中国人民苦难经历和有利于揭露反动派罪恶统治的历史遗址，作为控诉的反面教材得以利用。1962 年 12 月，在中宣部领导指示下，吉林省委决定将伪满皇宫全部遗址移交吉林省文化局，以筹办

① 吉林省文化厅办公室：《吉林省文化工作文件选编 文物 博物》，1988 年，第 115 页。

“日本帝国主义侵略陈列馆”①,作为“展览中国末代皇帝前半生与揭露日本侵略我国东北罪行的场所”①。“将伪皇宫旧址保护下来,可以通过它说明在日本帝国主义控制下末代皇帝的可怜相，对人民群众是有教育意义的。”②

**伪满皇宫旧址** 伪满皇宫旧址是个建筑群，其中两栋主要建筑“缉熙楼”“勤民楼”始建于清末民初,最初是吉黑榷运局的办公楼;而另一栋主要建筑“同德殿”始建于20世纪30年代,这些建筑虽历经百年风雨仍保存完好,具有重要的文物价值和历史价值,是近代长春百年城市发展的重要代表建筑,是20世纪东北建筑遗产的重要组成部分。

这些建于20世纪初的建筑,代表了一个时代的城市建筑符号,其最大的特点是在建筑形式上,开始采用欧式的拱门、开间、柱式、装饰、雕刻和室外廊道等流行的新技术。在建筑材料上,引进了西方的砖块、水泥、石材、玻璃等现代新材料,打破了中国传统的木材在建筑构造中的主导作用，将欧洲古典主义建筑风格与中国传统建筑形式相融合,充满了多元化的时代和地域特色,代表了20世纪初中国建筑从传统走向现代的过渡特点,是特定历史时期中国建筑风格的一个缩影。

伪满皇宫莱薰门(1930年代)

伪满皇宫兴运门(1934年)

吉黑榷运局及稽核处正门

(后来的伪满皇宫长春门)(1930年代初)





① 吉林省文化厅办公室:《吉林省文化工作文件选编 文物 博物》,1988年,第114页。
② 吉林省文化厅办公室:《吉林省文化工作文件选编 文物 博物》,1988年,第116~128页。

**缉熙楼** 1928年3月重新修建，原为吉黑榷运局稽核所。由吉黑榷运局建筑科设计，长春开埠局竺光魁监工，哈尔滨人王兰亭承建，花费大洋5.5万元。该建筑坐北朝南，地上两层，地下一层，建筑面积1036平方米，面阔27.22米，进深16.81米，平面呈长方形。砖木结构，青砖清水墙，三角形木屋架，四面坡绿色铁皮屋顶，主入口门廊由6根罗马塔司干柱支撑，立面山花为欧式山花，为欧洲古典主义建筑风格。

缉熙楼修缮立面图

伪满皇宫缉熙楼

（1986年修复后，张立宪摄）

**勤民楼** 建于1911年，原为吉黑榷运局办公楼。该建筑砖木结构，为坐北朝南两层方形圈楼，建筑面积1206平方米，楼中央带方形天井，二楼的外侧建有檐廊式平台，正门入口上方建有一铁皮穹顶，门口两侧装饰爱奥尼柱，颇具欧陆风情。该建筑既有中式的木质檐廊和老虎窗，也有欧式的立柱和穹顶，整体为欧洲古典主义建筑风格。

勤民楼修缮立面图

伪满皇宫勤民楼(1934年)

**同德殿** 1937年动工修建，1938年末完工。该建筑地上两层，地下一层，建筑面积3707平方米，东西长89米，南北长46米。由宫廷营造科科长相贺兼介主持设计，户田组施工，工程造价56.1万元，建筑费用仅次于伪满中央银行大楼。该建筑整体结构为壁幕式，大厅是框架式，钢筋混凝土结构，黄琉璃瓦屋顶，瓦的勾头滴水图案为专门烧制的“弌德弌心”隶书字样，是长春历史上唯一的庑殿顶建筑。外观造型立面设计带有“满洲式”建筑风格和折中主义风格，代表了20世纪30年代较高的施工工艺技术水平。

伪满皇宫同德殿正门(1930年代)

伪满皇宫同德殿墙面正在贴砖(1938年)

同德殿修缮立面图

伪满皇宫同德殿广间(1930年代)

吉林省文化局

关于接管伪皇宫的全部遗址的请示报告

(63) 文群字第3号

吉林省人民委员会：

省委常委于一九六二年十二月一日讨论决定：“同意将伪皇宫遗址移交省文化局筹办陈列馆，有关具体问题请报省人委解决。”

省编委根据省委常委的决定已批复我局：“同意伪皇宫陈列馆下设办公、陈列、研究、资料四个室，人员编制为六十八人，为事业编制。其经费列入一九六三年文化事业费

· 114 ·

《吉林省文化局关于接管伪皇宫的全部遗址的请示报告》

中华人民共和国文化部

关于日本帝国主义侵略陈列馆事

(63) 文物平密字第1104号

吉林省文化局：

你局5月23日(63)文计史字第43号关于请审批“日本帝国主义侵略陈列馆”经费的报告收悉。

经请示周扬同志，他原来意见是：将伪皇宫旧址保护下来，可以通过它说明在日本帝国主义控制下末代傀儡皇帝的可怜相，对人民群众是有教育意义的，至于是否建立一博物馆以及内容如何，都请你们研究决定。如建博物馆，规模也不宜大，现在的编制也应大加压缩；所需经费也应由地方解决。

1963年7月17日

(选自省文化局档案·1963年第11号卷第78页)

《中华人民共和国文化部关于日本帝国主义侵略陈列馆事》

接　交　书

根据中共吉林省委办公厅，吉办发(62) 148号文件的指示精神，将伪皇宫遗址移交省文化局作陈列馆。省农业厅在伪皇宫遗址内，经管有职工家属宿舍三栋（其中：一栋有水暖设备），使用面积1,032.59米，共住37户（其中：省农业厅职工家属17户），决定全部交省文化局接管。经双方研究，今后的房产维修、收房费等问题，均由省文化局负责。

附：职工家属住房明细表乙份。

移交单位：吉林省农业厅

接（收）单位：吉林省文化局

1963年8月15日

伪皇宫遗址移交省文化厅做陈列馆交接书

也就是说，伪满皇宫这一历史建筑得以保护利用，完全是基于其作为日本侵略和傀儡政权卖国之罪证这一历史价值。因此可以说，这一时期对长春历史建筑价值的认知是极其有限的，除了罪证展示这一价值之外，对其他价值的认知还属于一片空白。

伪满皇宫同德门（1947 年）

将伪满皇宫遗址作为日伪统治罪证，通过它揭露日本帝国主义的侵略罪行，激发群众对侵略者的愤恨和爱国主义情感，从而实现国耻教育的政治目的，这种做法符合 60 年代特定时期的历史需求，在当时是必要的，而且也确实发挥了重要的社会教育作用。但是这一阶段对历史建筑的罪证价值的认知，不仅是单一性的，也是排他性的，既没有对历史建筑其他价值进行全面的探讨和认知，也没有进行深入的研究，因此对长春伪满建筑遗址群也没有相应的关注和真正的保护意识。这是时代的必然，也是时代的局限。

## 二、从单一价值到兼顾其他价值认知的过渡（1980—1990 年代）

20 世纪 80 年代初期，中国开始进入百废俱兴的改革开放时期，因为“文革”而停办的伪皇宫陈列馆恢复建制。1982 年 2 月，吉林省人民政府确定了伪皇宫的保护范围。[①] 同年 8 月，吉林省编制委员会批准恢复伪皇宫陈列馆建制。[②]

---

①《吉林省人民政府文件》吉政发（1982）33 号。

② 吉林省编制委员会批准恢复伪皇宫陈列馆建制，吉编审字（1982）74 号文件。

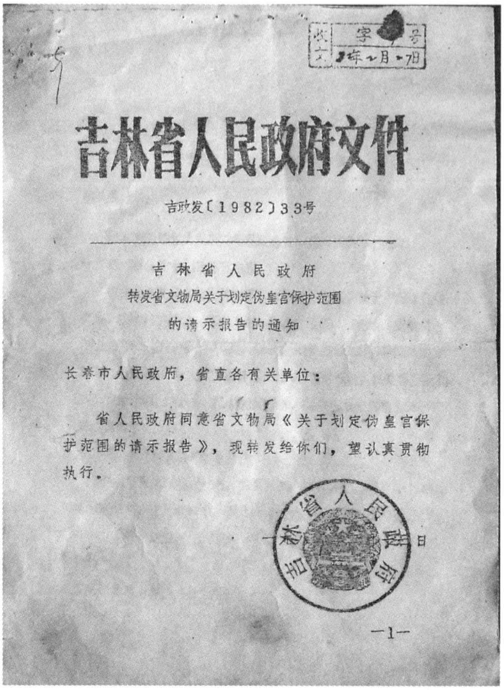

吉林省人民政府文件

吉政发〔1982〕33号

吉林省人民政府
转发省文物局关于划定伪皇宫保护范围
的请示报告的通知

长春市人民政府，省直各有关单位：

省人民政府同意省文物局《关于划定伪皇宫保护范围的请示报告》，现转发给你们，望认真贯彻执行。

吉林省人民政府

—1—

吉林省人民政府转发吉林省文物局关于划定伪满皇宫保护范围的请示报告的通知(1982 年)

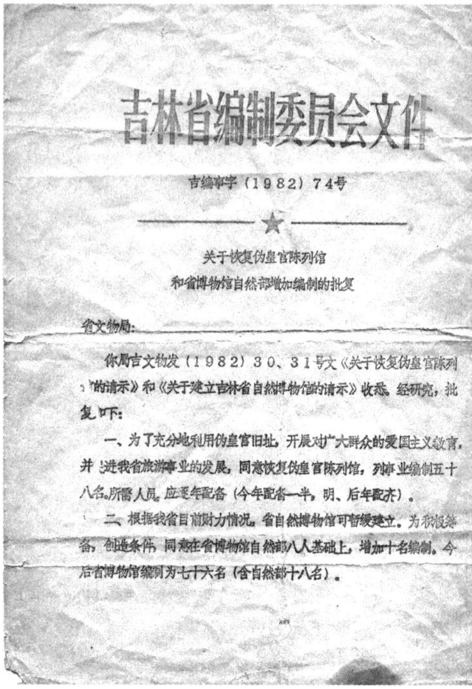

吉林省编制委员会文件

吉编事字（1982）74号

关于恢复伪皇宫陈列馆
和省博物馆自然部增加编制的批复

省文物局：

你局吉文物发（1982）30、31号文《关于恢复伪皇宫陈列馆的请示》和《关于建立吉林省自然博物馆的请示》收悉。经研究，批复如下：

一、为了充分地利用伪皇宫旧址，开展对广大群众的爱国主义教育，并促进我省旅游事业的发展，同意恢复伪皇宫陈列馆，列事业编制五十八名。所需人员，应逐年配备（今年配备一半，明、后年配齐）。

二、根据我省目前财力情况，省自然博物馆可暂缓建立。为积极筹备，创造条件，同意在省博物馆自然部八人基础上，增加十名编制。今后省博物馆编制为七十六名（含自然部十八名）。

关于恢复伪皇宫陈列馆和省博物馆自然增加编制的批复(1982 年 8 月 9 日)

伪满皇宫莱薰门(1982 年)

伪满皇宫勤民楼(1982 年)

伪满皇宫缉熙楼(1982 年)

伪满皇宫中和门(1982 年)

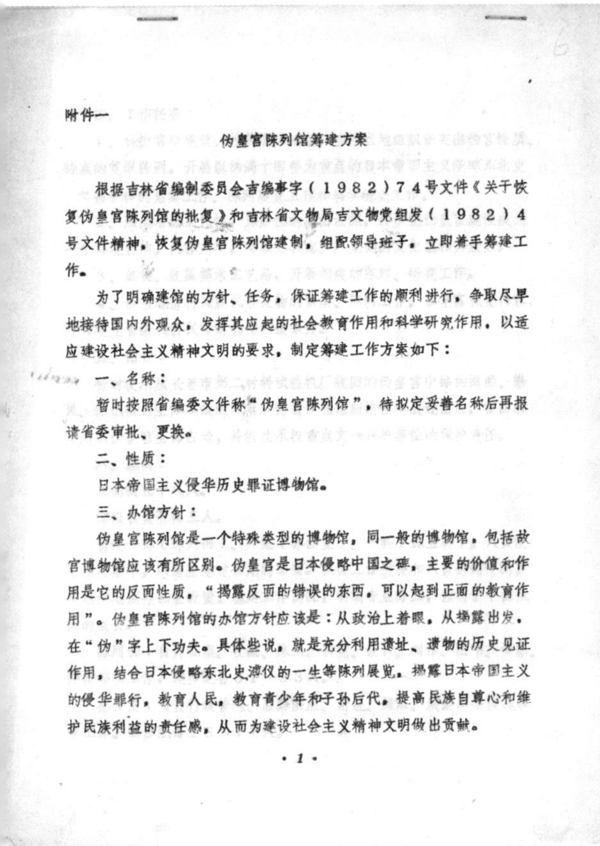

附件一

伪皇宫陈列馆筹建方案

根据吉林省编制委员会吉编事字（1982）74号文件《关于恢复伪皇宫陈列馆的批复》和吉林省文物局吉文物党组发（1982）4号文件精神，恢复伪皇宫陈列馆建制，组配领导班子，立即着手筹建工作。

为了明确建馆的方针、任务，保证筹建工作的顺利进行，争取尽早地接待国内外观众，发挥其应起的社会教育作用和科学研究作用，以适应建设社会主义精神文明的要求，制定筹建工作方案如下：

一、名称：

暂时按照省编委文件称“伪皇宫陈列馆”，待拟定妥善名称后再报请省委审批、更换。

二、性质：

日本帝国主义侵华历史罪证博物馆。

三、办馆方针：

伪皇宫陈列馆是一个特殊类型的博物馆，同一般的博物馆，包括故宫博物馆应该有所区别。伪皇宫是日本侵略中国之碑，主要的价值和作用是它的反面性质，“揭露反面的错误的东西，可以起到正面的教育作用”。伪皇宫陈列馆的办馆方针应该是：从政治上着眼，从揭露出发，在“伪”字上下功夫。具体些说，就是充分利用遗址、遗物的历史见证作用，结合日本侵略东北史溥仪的一生等陈列展览，揭露日本帝国主义的侵华罪行，教育人民，教育青少年和子孙后代，提高民族自尊心和维护民族利益的责任感，从而为建设社会主义精神文明做出贡献。

·1·

伪皇宫陈列馆筹建方案(1982 年)

恢复建制的伪皇宫陈列馆，其性质直接承袭了60年代的定位，是“日本帝国主义侵华历史罪证博物馆”。此时，对伪满皇宫的价值认知仍然是它的政治教育价值，相对于60年代的认知并没有什么突破性进展。

但是这一时期，伪满皇宫筹办了《日本帝国主义侵略罪行》展和《从皇帝到公民》溥仪生平展等展览，完成了60年代因“文革”而中断的未竟之业。这些展览所形成的展陈大纲和展陈解说词，伴随展览的巨大影响而广泛传播，特别是“罪展”讲解词一直被广泛运用和传播，成为撰写各式讲解词的范本。在实际效果上塑造了人们对长春城市历史文化形象的刻板印象，也等于为后来的长春城市历史表达树立了一个可套用可借鉴的话语表述方式蓝本。

这一套基于“罪证”价值认知、以“国耻教育”为导向的历史话语表述体系，所遵循的基本原则就是当时的办馆方针：“从政治上着眼，从揭露出发，在‘伪’字上下功夫”①“寓于历史，抓住罪行，大力揭露”②“树立一块汉奸投敌、卖国、效忠日本帝国主义的伪皇帝的罪恶之碑”③。只要有助于揭露日本的罪恶和伪政权的可怜相，从史料取舍到遣词造句都采取了最大限度的配合。这一套文本所代表的话语表述方式，对后来以至于今天的长春历史建筑价值阐释和表述，产生了深远的影响。

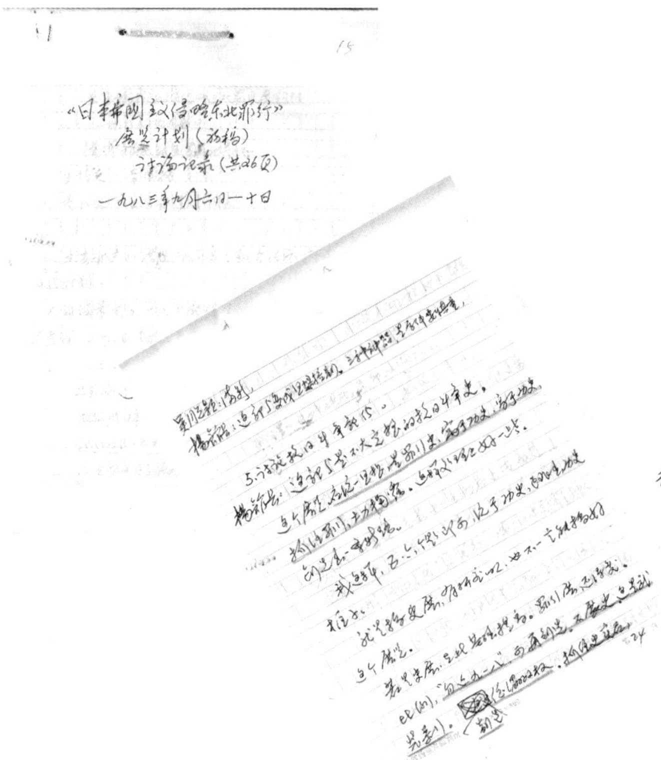
《日本帝国主义侵略东北罪行》
展览计划（初稿）
讨论记录（共26页）
一九八三年九月六日—十日

《日本帝国主义侵略东北罪行》展览计划讨论记录（1983 年）

① 《伪皇宫陈列馆筹建方案》第 1 页，伪满皇宫博物院藏。
② 《日本帝国主义侵略东北罪行展览计划讨论稿》，1983 年，伪满皇宫博物院藏。
③ 《伪皇宫陈列馆年鉴》，1985 年，第 69 页。

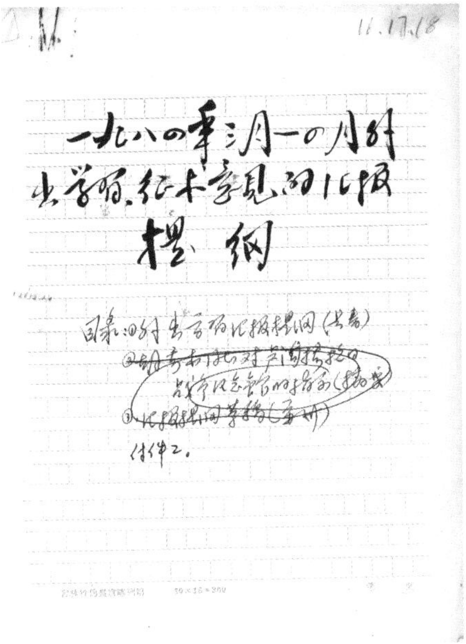

一九八四年三月—四月外出学习征求意见的汇报提纲

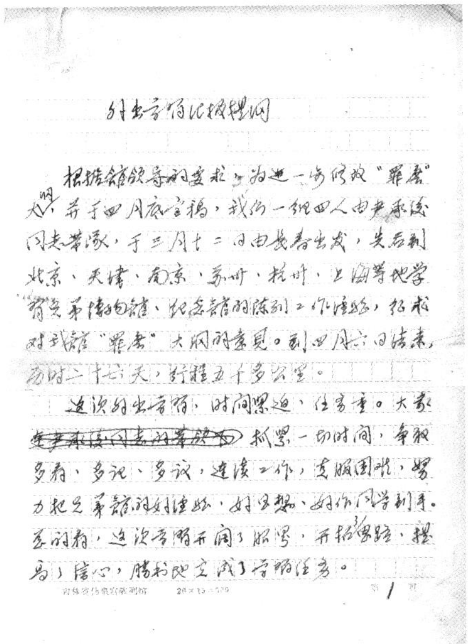

外出学习汇报提纲

根据馆领导的要求，为进一步修改"罪行"大纲，并于四月底定稿，我们一组四人由尹承德同志带队，于三月十二日由长春出发，先后到北京、天津、南京、苏州、杭州、上海等地学习兄弟博物馆、纪念馆的陈列工作经验，征求对我馆"罪行"大纲的意见。到四月六日结束，历时二十六天，行程五千多公里。

这次外出学习，时间紧迫，任务重。大家抓紧一切时间，争取多看、多记、多议，连续工作，克服困难，努力把兄弟馆的好经验、好思想、好作风学到手。总的看，这次学习开阔了眼界，开拓思路，提高了信心，胜利地完成了学习任务。

外出学习征求意见的汇报提纲(1984 年)

伪皇宫陈列馆举办的"日本帝国主义侵略东北罪行"展(20 世纪 90 年代)

但80年代中国的改革开放事业已经起步，从60年代沿袭过来的那一套对伪满皇宫历史建筑的价值认知，明显与时代的需求不相协调了。随着对外开放的推进和旅游业的兴起，伪满皇宫逐渐成为旅游热点，伪满皇宫自身开始认识到馆名中的“伪”字给各项工作带来的许多困扰，已不适应对外开放的需要。1988年12月26日，伪皇宫陈列馆向省文化厅提出《关于更改馆名的请示报告》，正式申请更名为“长春帝宫博物馆”。①

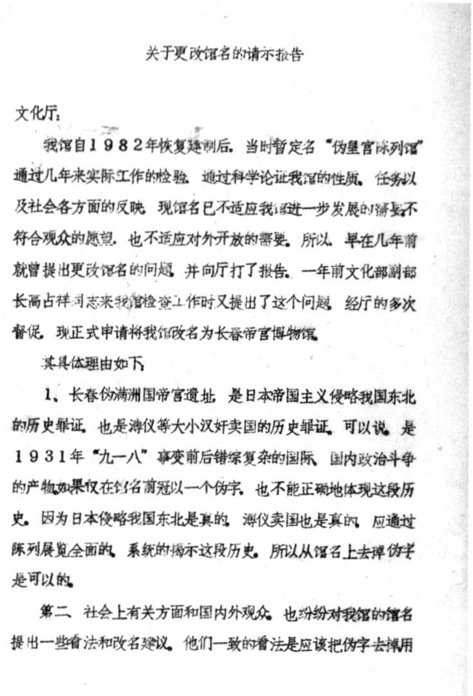

关于更改馆名的请示报告

文化厅：

我馆自1982年恢复建制后，当时暂定名“伪皇宫陈列馆”通过几年来实际工作的检验，通过科学论证我馆的性质，任务以及社会各方面的反映，现馆名已不适应我馆进一步发展的需要，不符合观众的愿望，也不适应对外开放的需要。所以，早在几年前就曾提出更改馆名的问题，并向厅打了报告。一年前文化部副部长高占祥同志来我馆检查工作时又提出了这个问题，经厅的多次督促，现正式申请将我馆改名为长春帝宫博物馆。

其具体理由如下：

1、长春伪满洲国帝宫遗址，是日本帝国主义侵略我国东北的历史罪证，也是溥仪等大小汉奸卖国的历史罪证，可以说，是1931年“九一八”事变前后错综复杂的国际、国内政治斗争的产物，如果仅在馆名前冠以一个伪字，也不能正确地体现这段历史。因为日本侵略我国东北是真的，溥仪卖国也是真的，应通过陈列展览全面的、系统的揭示这段历史。所以从馆名上去掉伪字是可以的。

第二、社会上有关方面和国内外观众，也纷纷对我馆的馆名提出一些看法和改名建议，他们一致的看法是应该把伪字去掉用

关于更改馆名的请示报告(1988年)

尽管这一更名请求最后被国家文物局予以拒绝②，但为适应社会变化而提起的更名请求这一行为本身，已经足以说明：对长春历史建筑价值更深入更全面的认知需求正在苏醒，单纯甚至排他性地强调罪证展示和政治教育价值，已经无法满足时代需要。长春人对“伪”字的敏感，说明这个城市对自身历史文化形象建构需求和历史遗产的旅游资源意识，已经开始萌动。

当然，这种萌动需要一个缓慢的过程，虽然已经有越来越多的人开始从文化遗产的角度认识到长春的近现代历史建筑的价值，但显然，这一群体还远没有达到足以主导社会主流意识的规模。直到90年代，长春对近现代历史建筑的价值认知拓展并没有多大的突破。这一时期，在长春历史建筑的挖掘利用上，只关注了伪满时期伪满皇宫这一座建筑，如伪满国务院旧址、伪满综合法衙旧址等历史建筑还都是作为普通工作场所在使用，并没有被利用。而对晚清建筑、中东铁路建筑、民国建筑等历史建筑的关注，更没有进入

①《关于更改馆名的请示报告》，伪满皇宫博物院藏。

②《文化部关于伪皇宫陈列馆更改馆名的批件》，伪满皇宫博物院藏。

社会主流视线，对它们的重大历史价值及文物价值、艺术价值、科学价值和文旅价值，还远远谈不上系统的研究和广泛的传播。这种价值认知的局限，直接造成了不少让人惋惜和遗憾的后果，这就包括老长江路在内的大批历史建筑，在保留还是拆除的激烈争议声中，最终毁于大拆大建。

## 三、全面价值认知的觉醒和提升

2000年以后，社会各界对长春历史建筑价值的认知，呈现出全面化拓展趋势：一是对历史建筑遗产的认定范围从伪满皇宫拓展至伪满时期以及其他历史时期的建筑；二是对历史建筑价值的认知层面已经不局限于政治教育价值，其他的文物价值、艺术价值、科学价值及文旅价值等价值属性开始被重视。这种历史性、突破性的转变，完全得益于中国经济社会的快速发展。

### （一）文保政策变化加快长春历史建筑文物化进程

社会进步必然催生文保意识的普及和文保范围的放宽，快速发展的中国越来越自信，而在文化政策上开始采取日趋开放包容的心态。1996年11月，国务院公布了第四批全国重点文物保护单位，在文物遗址分类中将过去"革命遗址和革命纪念建筑物"类别改为"近现代重要史迹及代表性建筑"类，"大连俄国建筑""青岛德国建筑""广州圣心大教堂"等殖民地建筑出现在国保名单中。这一政策首次明确将殖民地建筑视为值得保护的历史文化遗产，也为长春近现代历史建筑的"文物化"进程提供了基于法律保障的信心。

进入21世纪以后，国家的文物保护政策对近代重要史迹的保护力度进一步加强，在全国文物保护政策的指导和鼓励下，地方政府开始吸取90年代城市大拆迁大改造的教训，以政策和立法形式扩大对城市建筑遗产的保护范围。2006年，长春市规划局编制了《长春市城市紫线划定成果》，确定了长春市未来开展历史建筑保护的地域范围，覆盖范围从伪满皇宫、八大部等知名伪满建筑拓展到长春近代建筑的整体。2007年，长春市人大常委会通过《关于加强历史建筑和历史文化街区保护的决议》，对历史建筑和历史文化街区保护的重要意义和主要任务进行了确认。[①]同年8月,伪满皇宫博物院入选国家首批66个5A级景区系列,与北京的故宫、西安的兵马俑并列成为中国文博旅游的精品品牌。2012年11月,吉林省第十一届人大常委会批准《长春市历史文化街区和历史建筑保护条例》[②]。

伪满皇宫博物院获国家AAAAA级旅游景区(2007年)

2013年5月,国务院公布《第七批全国重点文物保护单位名单》,在329处"近现代重要史迹及代表性建筑"中,长春的"伪满皇宫及日伪军政机构旧址"与"长春的吉长道尹公署旧址""伪满中央银行旧址""长春电影制片厂早期建筑""长春第一汽车厂早期建筑"等18处被列入国保单位。2019年,"侵华日军第一〇〇部队遗址""伪满建国忠灵庙旧址"被列入《第八批全国重点文物保护单位名单》中。

长春的20多处历史建筑旧址连续入选国保单位,促成了长春对历史建筑价值认知的大觉醒,极大地激励并振奋了长春对近现代历史建筑保护的意识、热情和信心,促使长春近代历史建筑保护步入了一个崭新的发展时期,以政府为主导加大了对历史文化街区和历史建筑的调查和确认,并公布了两批市级历史建筑保护名录。(见附录三)

### (二)城市形象建构深化历史文化遗产资源发掘

历史建筑遗产是城市风貌的名片,对提升城市形象、延续城市文脉、

① 长春市人大常委会《关于加强历史建筑和历史文化街区保护的决议》,2007年。
②《长春市历史文化街区和历史建筑保护条例》,2012年。

积淀城市文化内涵具有重要意义。随着城市在经济发展中主体地位的凸显，长春越来越感到提升城市文化软实力、增强城市吸引力、树立城市历史文化形象的重要性。在这一背景下，全面深化和拓展对城市历史建筑遗产的价值认知，全面而深入发掘历史建筑的文化资源内涵，就成了必然选择。

2000 年，时值长春建城二百周年，在梳理长春走过的二百年沧桑历程时，长春发现许多重要的近代历史建筑在城市改造过程中永远地消失了。痛惜之余，政府和各界在加大保护的同时，也强化了建筑遗产对城市历史文化形象建构的价值利用。其间一个最重要的标志性现象，就是媒体宣传纷纷推出了以长春老建筑、老长春故事为主题的各类栏目节目，如长春电视台为纪念长春建城 200 周年摄制了百集纪录片《百年长春》；不久又推出大型城市历史人文纪录片栏目《发现长春》及专题栏目《流年碎影》；《城市晚报》《长春晚报》《巷报》等报纸媒体也相继分别推出《吉林坐标》《老长春》《长春地理》等栏目。这些媒体宣传对长春历史建筑的价值认知拓展和相关知识普及发挥了重要作用。

最近 20 年来，长春地方政府利用历史建筑遗产提升城市文化形象可以说是全面发力。2009 年，长春市启动了 10 处历史文化街区的申报工作；2010 年 3 月，吉林省政府批准人民大街、新民大街、伪满皇宫、南广场、第一汽车制造厂、中东铁路宽城子车站六处省级历史文化街区；2012 年 6 月，新民大街入选国家文化部“第四批中国历史文化名街”，成为吉林省唯一一条中国历史文化名街；

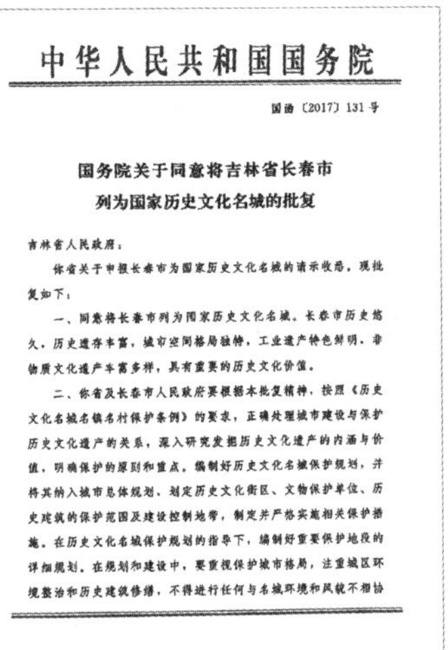
中华人民共和国国务院

国函〔2017〕131 号

国务院关于同意将吉林省长春市列为国家历史文化名城的批复

吉林省人民政府：

你省关于申报长春市为国家历史文化名城的请示收悉。现批复如下：

一、同意将长春市列为国家历史文化名城。长春市历史悠久，历史遗存丰富，城市空间格局独特，工业遗产特色鲜明，非物质文化遗产丰富多样，具有重要的历史文化价值。

二、你省及长春市人民政府要根据本批复精神，按照《历史文化名城名镇名村保护条例》的要求，正确处理城市建设与保护历史文化遗产的关系，深入研究发掘历史文化遗产的内涵与价值，明确保护的原则和重点。编制好历史文化名城保护规划，并将其纳入城市总体规划，划定历史文化街区、文物保护单位、历史建筑的保护范围及建设控制地带，制定并严格实施相关保护措施。在历史文化名城保护规划的指导下，编制好重要保护地段的详细规划。在规划和建设中，要重视保护城市格局，注重城区环境整治和历史建筑修缮，不得进行任何与名城环境和风貌不相协

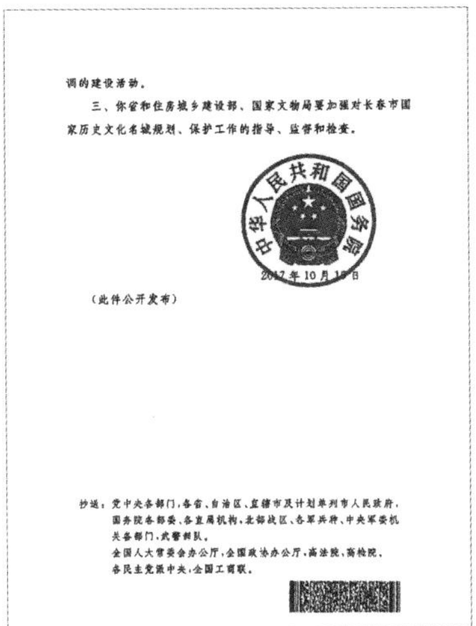
调的建设活动。

三、你省和住房城乡建设部、国家文物局要加强对长春市国家历史文化名城规划、保护工作的指导、监督和检查。



2017 年 10 月 1[illegible]日

（此件公开发布）

抄送：党中央各部门，各省、自治区、直辖市及计划单列市人民政府，国务院各部委、各直属机构，北部战区、各军兵种、中央军委机关各部门，武警部队。
全国人大常委会办公厅，全国政协办公厅，高法院，高检院，各民主党派中央，全国工商联。

务院关于同意将吉林省长春市列为国家历史文化名城的批复（2017 年）

2016 年 1 月，吉林省政府申报长春为国家历史文化名城；2017 年 10 月，国务院正式批复同意将长春市列为国家历史文化名城。

值得一提的是，批文指出："长春市历史悠久，历史遗存丰富，城市空间格局独特，工业遗产特色鲜明，非物质文化遗产丰富多样，具有重要的历史文化价值。"[①] 专家评价："长春是我国一座特色十分鲜明的历史文化名城，也是目前我国历史文化名城中以近代城市风貌为主要特色的一个重要类型的代表城市，对于展现我国城市历史文明的类型多样性与完整性具有重要价值。"[②] 这些权威评价，对长春历史建筑的价值认定可谓一锤定音。

### （三）管理体制改革催生价值认知的地方视角

2000 年 3 月，吉林省政府决定将伪满皇宫遗址和伪皇宫陈列馆由省文化厅划归长春市管理。[③] 同年 8 月，长春市政府决定将伪皇宫陈列馆划归长春市净月潭旅游经济开发区管理。[④]

伪满皇宫划归长春市属地管理，这对长春历史建筑价值认知而言，具有重要意义。过去，伪满皇宫作为爱国主义教育基地，主要行使的是罪证展示、国耻警示和爱国主义教育的意识形态职能。这种对历史建筑价值的强政治化认知，源于宏大的国家历史视角和叙事需要。但对历史建筑价值的全面理解和准确认知，除了国家历史视角之外，还需要其所在地的地方历史视角，也就是说，人们还应该知道这些建筑遗产对其所属地方发展的价值和意义何在。

伪满皇宫归属长春市管理后，长春市政府提出了"三年恢复伪满皇宫原貌"的总体工作目标。长春市成立了由两位副市长牵头的"长春市伪满皇宫恢复保护利用领导小组"，并提出了"举全市之力三年恢复伪满皇宫"的口号。本着对历史负责、对社会负责、对后人负责的态度，领导小组

---

①《国务院关于同意将吉林省长春市列为国家历史文化名城的批复》，2017 年。

②长春市规划局：《幸福都市》第 52 页，2018 年。

③《省政府专题会议纪要·研究将伪皇宫遗址和伪皇宫陈列馆划归长春市管理的有关问题》，2000 年。

④《关于伪皇宫陈列馆及伪皇宫遗址交由长春市管理的备忘录》，2000 年 9 月。

认真、扎实地组织实施伪满皇宫恢复保护工作。由中国城市规划研究院和长春市规划院编制完成了《长春伪满皇宫保护利用策划暨可行性研究报告》。在保护管理上，首先打通并拓宽了伪满皇宫门前的陕西路，解决了长期困扰伪满皇宫的交通堵塞问题；搬迁了原伪满皇宫遗址内的省博物馆、省自然博物馆、省文物考古研究所、省文物店等全部单位，以及将伪满皇宫周边的鞋城、蔬菜批发市场、加油站、光复路市场、运输市场、十七中学、回族小学等单位全部搬迁，并完成了伪满皇宫西部区域525户居民的拆迁安置工作。这一系列由地方政府主导的重大举措，使伪满皇宫展区面积从原来的1万平方米迅速扩大到25万平方米，特别是保护范围由原来的13.7万平方米扩充到周边50万平方米的更大范围。

**伪满皇宫复原前后**

伪满皇宫地处城区中心商业圈，最早是长春商埠地，现在是长春市最繁华的小商品批发市场。2000年之前，伪满皇宫周边遍布着长春蔬菜批发市场、光复路市场、运输市场等长春市重要的小商品批发市场，伪满皇宫被众多商家团团包围其中，门前的陕西路常常被堵得水泄不通，旅游大巴车经常被堵在门前，进不来出不去，交通堵塞问题成了伪满皇宫门前出行的老大难问题。同时，伪满皇宫院内还驻有省文化厅直属的省博物馆、省自然博物馆、省文物考古研究所、省文物店等多家文博单位，以及周边的十七中学、回族小学等单位和五百多户居民。

伪满皇宫作为吉林省和长春市重要的文旅资源，增强了长春市城市总体功能，应更好地保护、恢复、利用伪满皇宫这一重要的历史文化资源，并发挥其更大作用。2000年3月，吉林省政府决定将伪皇宫陈列馆由吉林省文化厅划归长春市管理。归长春市属地管理后，市政府举全市之力，经过三年的搬迁改造，使伪满皇宫周边的环境得到了极大的改善，以全新的面貌迎接来自世界各地的游客。

伪满皇宫门前陕西路拓宽前的交通状况（2000年前，张立宪摄）

伪满皇宫门前东侧的小食品批发市场（2000年前，张立宪摄）

伪满皇宫门前西侧的光复路鞋城（2000 年前，张立宪摄）

伪满皇宫门前大庆加油站(2000 年前,张立宪摄)

伪满皇宫门前的马记食杂店（2001 年 2 月 24 日拆除,张立宪摄）

伪满皇宫博物院揭牌(2001 年,张立宪摄 )

伪满皇宫莱薰门(2018 年,杨铭摄)

伪满皇宫门前的陕西路拓宽后(2019 年,杨铭摄)

伪满皇宫东院的吉林省博物馆(2000年前,张立宪摄)

伪满皇宫同德门(2018年,杨铭摄)

伪满皇宫保康门内的70中学(2000年前,张立宪摄)

伪满皇宫保康门(2010年,张立宪摄)

伪满皇宫西部的禁卫军营区(2000年前,张立宪摄)

伪满皇宫西部的回民小学(2000年前,张立宪摄)

伪满皇宫西部的南关区物资供应站（2000 年前，张立宪摄）

伪满皇宫西部御用跑马场复原后（2006 年，张立宪摄）

伪满皇宫原近卫军营区内的居民与货运市场（2000 年前，张立宪摄）

伪满皇宫南部的近卫军营房区(2000
前，张立宪摄）

伪满皇宫东侧的蔬菜批发市场（2000 年前，张立宪摄）

改善后的伪满皇宫门前环境(2010 年
张立宪摄）

伪满皇宫院内的吉林省自然博物馆（2000年前，张立宪摄）

伪满皇宫北侧的吉林省考古研究所（2000年前，张立宪摄）

伪满皇宫勤民楼（2018年，杨铭摄）

伪满皇宫缉熙楼（2020年，杨铭摄）

伪满皇宫同德殿（2017年，杨铭摄）

伪满皇宫东御花园（2021年，杨铭摄）

伪满皇宫航拍图（1986 年，张立宪摄）

伪满皇宫全貌（2021 年，杨铭摄）

将伪满皇宫下放长春市属地管理后，保护范围得到迅速的、全面的、整体的扩大提升，最突出的变化是，伪满皇宫遗址由过去单一的罪证展示现场发展到整体的、全面的恢复保护利用，文物价值得到极大提升。这充分说明管理体制的变更，彰显出地方的历史视角和地方政府强大的管理力度。连省外博物馆单位看到后，都发出惊叹：这种由地方政府主导的伪满皇宫保护模式无法复制！

可见，管理体制的重大改变，催生了价值认知的地方视角，纳入地方发展规划的伪满皇宫建筑群，获得了前所未有的地方资源支持，而伪满皇宫的运营也增添了为地方发展和社区繁荣服务的功能，肩负起为城市文化建设和文旅事业做贡献的任务，其文物价值、文旅价值以及促进城市形象传播的社会价值，得到了前所未有的彰显和实现。

### （四）文旅产业发展推动价值认知的丰富性和多样性呈现

最近 20 年来，旅游业的飞速发展和展示出来的巨大前景，催生了各地人文历史旅游景点的开发热潮。长春的人文历史旅游线路和产品相对稀缺和单一，2000 年之前长春的人文旅游资源只有伪满皇宫一家独秀。寻求旅游资源的丰富性，成为长春发展的当务之急。

2006 年出台的长春市旅游业“十一五”规划中，将伪满历史遗迹作为六大支柱旅游产品之一，将长春的旅游资源从伪满皇宫扩展到伪满八大部。规划提出："在伪满皇宫博物院完成东北沦陷史陈列馆等项目建设的基础上，可考虑在所有权不变的情况下，本着谁所有谁负责、谁经营谁受益的原则，逐步开发伪满八大部、伪满国务院、驻伪满使领馆等殖民遗迹的旅游功能。"[①] 2010 年，《长春市"十二五"旅游发展规划》将伪满遗迹警示性历史文化旅游区列为建设十大重点旅游景区之一。[②] 2016 年，《长春市旅游业发展"十三五"规划》进一步提出要"恢复和挖掘老长春历史文化，在保持街区风貌和传统空间格局的基础上，推动'百年长春'宽城子老街区、上海路铁南历史文化街区、德惠沙俄历史街区等重点项目建设"[③]。

在城市魅力形象塑造和文旅产业开发的目标牵引下，长春对自身历史建筑价值内涵的认知开始全面展开，只要有利于增强旅游资源的丰富性和吸引力，历史建筑遗产的价值发掘多多益善。尤其是历史文化旅游街区的打造，不仅意味着长春历史建筑保护利用范围的扩大，实现了从单体建筑到建筑群再到片状的文化街区的覆盖，更促进了长春历史故事讲述和建筑价值阐释的深入化、细节化和丰富化，从而实现了历史建筑价值认知从单一价值、局部价值到全价值的转化。

## 小　结

长春对近代历史建筑的价值认知，经历了 20 世纪 60 年代至 2000 年以后，长达半个多世纪的漫长历史过程。从单一的"罪证"价值认知，到实现全价值认知的历史性转变，经历了 60 年代的突出政治时期，八九十年代的改革开放时期，以及 2000 年之后的中国经济快速发展时期。在不同历史时期形成的价值认知也有所不同，既带有明显的时代特征，也符合特定时期的历史需求，这说明人们的所有认知都是受社会实践制约的，是由表及里的渐变过程。

在历史时空中，人们对事物的认知随着时代的变化而逐渐变化，不断拓展和升华，这是人类对事物认知的必经过程，也是必然结果。

① 长春市旅游局：《长春市旅游业发展"十一五"规划》，2006 年。
② 长春市旅游局：《长春市"十二五"旅游发展规划》，2010 年。
③ 长春市旅游局：《长春市旅游业发展"十三五"规划》，2016 年。

# 第四章 话语的贫困：长春历史话语表述的问题及症结

对历史建筑的价值认知程度，和城市历史话语表述方式，是一枚硬币的两面，彼此互为因果，相辅相成。

“话语方式即存在方式”。一个城市对自身历史的话语表述方式，不仅意味着对一个城市过往历史的描述和理解，也直接塑造了人们对这个城市的文化形象和精神内涵的认知和评价，会引导和影响受众对历史建筑价值的理解，进而形成对这些历史建筑乃至整个城市历史文化的刻板印象，最终影响外界对该城市的情感态度，以及本市人民对自己家乡文化的认同和归属感。

也正是在这个意义上，长春城市历史的话语表述方式存在着比较明显而且突出的问题。这些问题已经构成妨碍长春讲好自己城市故事的“话语困境”，对长春历史建筑价值的全面展示、对长春文旅产业发展、对长春历史文化魅力的彰显、对城市文化自信的培育，都带来显而易见的不利影响，甚至是损害。

课题组围绕长春城市历史话语表述的特点及其效果，面向公众和游客开展了问卷调查分析，并对近 20 年来有关长春人文历史的政策文件、景点宣传文案、游客导览讲解词及媒体报道等进行了文本比对研究，再对现有话语表述体系的问题进行诊断和分析。

## 一、长春城市人文形象的公众感知调查

课题组为了弄清楚公众对长春历史建筑的实际感知情况，设计了《长春历史建筑公众感知情况》调查问卷，主要围绕公众对长春人文历史形象的总体印象、对长春人文旅游宣传以及建筑遗址景点导览解说的满意度等旅游体验，共设计了 20 个问题。通过线上、线下相结合的方式共投放并有效回收调

查问卷 2004 份。问卷调查参与者的地域分布情况是:43.56%来自长春本地、27.3%来自长春以外的东北地区、28.49%来自国内直辖市及其他省份、0.2%来自港澳台地区、0.45%来自海外，受访者地域代表性符合问卷设计预期。(详见“长春历史建筑公众感知情况调查问卷及统计结果和分析报告”,即附录二、附录三)

在对这 2004 份问卷结果进行统计分析之后,我们发现:

(一)公众对长春的历史建筑遗址资源的丰富性、影响力和独特价值表现出广泛的认可,这说明长春的人文历史旅游发展前景广大,值得我们为之付出努力。80.44%的受访者对来长春旅游的目的都选择了“了解城市人文历史”,远远超过其他旅游体验目的选项。89.87%的受访者认为“伪满皇宫建筑群”“八大部旧址”等历史建筑是必看的景点。

(二)长春对自身历史建筑遗产资源的认知和宣传工作有待大力改进。与上海、天津、青岛、厦门等国内具有殖民史经历的类似城市比较,长春是旅游宣传和观感体验最不好的城市,需大力改善和提升。77.25%的受访者认为长春需要进行大幅改进城市历史文化形象传播水平，以提升城市的对外宣传和市民、游客的个人观感体验。

(三)长春历史建筑遗产资源的宣传存在着“伪满史”刻板印象。调查发现,除伪满历史和伪满建筑之外的长春其他时期的历史和建筑,包括晚清民国时期的长春旧城及商埠地建筑、沙俄中东铁路附属地建筑和中华人民共和国成立初期重要建筑遗产,公众知晓度极低,其“不知道不熟悉”率分别为:79.69%、69.76%、49.95%。这充分说明,长春对自身历史建筑遗产资源缺乏系统完整的梳理、研究和传播表述。

(四)伪满时期的历史建筑遗迹是长春最让人印象深刻、最吸引游客的文旅资源。75.05%的受访者对“伪满历史”最感兴趣,85.78%认为这些建筑值得花更多时间认真游览，但却有 58.84%的人在相关遗址景点参观后觉得沉重压抑、单调乏味,缺乏轻松愉悦和知识上的获得感,这足以说明公众对这些历史建筑遗产本身的价值是认可的，但相关导览解说所体现的城市历史话语表述方式,却有待优化和更新。

(五)公众对长春历史建筑整体态度,早已超越“罪证展示”的单一化价值认知,认为它们是城市的珍贵历史记忆,具有独特的建筑审美价值,值得

善加保护并开发利用。在广泛认可伪满历史建筑是日本侵华物证和开展爱国主义教育场所的同时，公众也希望在游览过程中获得更全面、更充实的历史知识信息服务。80.19%的受访者希望了解“与建筑相关的历史人物、事件和故事”；68.56%的人愿意了解建筑的历史沿革、建筑风格、设计理念、构造特点等知识；有50.9%的受访者特别关注溥仪和婉容等历史名人的宫廷生活细节；50.1%的人希望了解当时长春人的日常生活状况；40.82%的受访者还想了解当时长春的城市建筑、规划等。

（六）长春城市尤其是人文景点的历史话语表述，面临着来自文旅市场和消费者需求的压力，必须通过表达创新，建立适应现代文旅需求、城市形象传播趋势的话语表述体系，突破传统习惯性的“罪展”话语方式体系的束缚，为受众提供更多知识内涵、更多信息含量、更多历史细节、更丰富历史故事的城市人文表述，以满足参观者多层次、多元化的文化需求。关于伪满皇宫等历史建筑话语表述改进意见的调查中，83.48%的人认为“应该尽力挖掘出更丰富的细节，以增强城市历史的厚重感，让游客不虚此行”；69.96%的人认为应该“客观阐述建筑本身的特色风格、艺术价值、文物价值、建筑价值，促进人文旅游”。

## 二、当前话语表述方式效果分析

在第三章已经指出，60年代到80年代初期伪皇宫陈列馆那一套罪行展大纲和解说词，为后来长春的城市历史的宣传表达奠定了一个话语表述蓝本，即以罪证揭示、国耻教育为主要甚至唯一目的的“罪展”式话语体系。

近20年来，长春对自身历史建筑价值的认知日趋深化和拓展，从政府到民间，从机构到个人，对城市历史文化表达的丰富性需求日益高涨，各方都在自发地调整话语表述方式，以期更好地讲述城市故事，展现长春魅力。如2017年长春电视台拍摄的城市人文历史节目《发现长春》在描述中东铁路历史建筑时说：“公元1903年，充满俄罗斯风情的乐曲开始从这栋建筑里飘出来。”[①] 而在1998年由长春市政协文史委和长春媒体合作编写的《长春二百年》一书中对中东铁路的表述语气和情绪却截然相反：“一条中东线，一

① 长春广播电视台：《发现长春》第六辑，吉林出版集团有限公司，2017年版，第66页。

条南满路，似两把利剑深深地插进了长春的胸膛。”[①]前后 10 年时间，对历史建筑的价值认知和话语表述方式，还是有日趋温和的改良趋势的。但由于多方面的原因，长春历史的话语体系和表述方式并没有发生整体性、系统性的明显变化，即便有所变化，也是零零星星、自发偶发的，直到今天依然没有完全摆脱“罪展”式话语体系的窠臼。正如问卷调查显示，包括很多热爱长春的市民在内的游客、公众，已经对这一套习惯性的话语体系产生“不满”。游客的不满，至少可以表明该话语体系明显不利于长春文旅业的发展。如果全面分析，其弊端远不止于此。

**中东铁路**　1897 年 8 月 28 日开工，1903 年 7 月 14 日全线正式营业。干线西起满洲里，经哈尔滨，东至绥芬河站；南支线从哈尔滨起，途经长春、沈阳，直达旅顺和大连站，是条总长 2489.2 公里，纵贯东北三省的“丁”字形大铁路。中东铁路局根据地理位置、自然资源、铁路运营量、技术作业量等条件，将车站划分为一、二、三、四、五个等级站，全线共设 104 个不同等级的车站，长春宽城子站为四等小站。

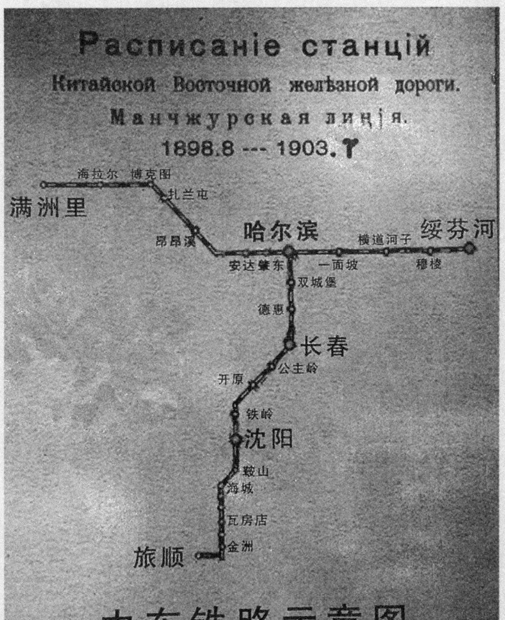

中东铁路示意图

铁路的延伸和火车的到来，打破了城乡间的封闭状态，改变了城镇空间的格局，使以农耕为主的小村镇逐渐演化成军事和物资的集散地，从而加快了东北城市发展的历史进程。中东铁路是近代中国东北地区铁路建设的开端，是长春历史上第一条铁路，它不仅影响了近代东北政治、经济、文化、社会的发展，也带动了长春商品经济的发展，长春开始从一个边陲小镇走向东北亚经济重镇。



① 长春政协文史委编：《长春二百年》，吉林省内部资料出版物，2000 年，第 426 页。

**宽城子火车站**　宽城子火车站，是长春的第一座火车站，也是长春历史上第一个由外国工程师设计的具有异域风情的建筑。虽然宽城子火车站是四等小站，但是，在1903年重新修建时却是按三等站的标准来修建的。特别是以宽城子火车站为中心，规划出了5平方千米的中东铁路用地，采用近代城市规划理念和方法，对这片区域进行了功能分区，设置了站场区、仓储区、工业区、生活区和军事区五部分，规划了道路、供水、排水、绿化等市政工程系统，设计了圆广场和垂直交叉的西方网格式道路，修建了水塔、俱乐部、教堂、学校、商店、兵营等附属设施，形成了异于中国传统格局的第二块街区，是长春第一块按功能规划建设的街区，也为以后这块街区的规划格局奠定了基础。

宽城子车站(1906年)

宽城子站内(1930年代)

**宽城子站俱乐部旧址** 位于长春市宽城区凯旋路2155号，建于1903年，由中东铁路公司设计建设。这座极具俄罗斯风情的砖木结构二层建筑，四面坡铁皮屋顶，入口为圆弧形，拱形窗户，内凹窗套装饰，窗户窄而高，外墙水泥抹面，并涂成白色，屋顶带有锥形角楼。在建筑材料上，使用了红砖、水泥和混凝土，这是长春以前从未使用的新建筑材料，是长春历史上第一座使用水泥砂浆涂抹外墙立面的近代建筑。作为中东铁路四等站的宽城子站能修建一座俱乐部，这也成为长春建筑史上的新建筑类型。

宽城子站俱乐部(1940年)

现吉林省人民医院凯旋院区(2015年)

**俄国领事馆旧址** 位于长春市长通路12–6号，建于1914年。该建筑位于长春商埠地广场北侧，占地17 000平方米，建筑面积800平方米，坐北朝南，地上局部两层，地下一层。采用自由式布局，一层与二层高低错落，直线与曲线相结合，平顶与尖顶相呼应，砌以青砖，外墙立面抹水泥砂浆，二楼窗楣用水泥塑形的飞鸽和花环装饰。在主体建筑的东西两侧各有一个圆形塔楼，相互映衬，上面为锥形铁皮屋顶，为典型的俄式建筑风格。该建筑除了在建筑材料上使用了青砖、水泥砂浆等新材料，在建筑技术上还采用了独特的工字形钢梁和青砖组合楼板的钢组合结构，使楼体更加坚固。这种组合方式在长春地区的近代建筑中也是少见的。该建筑是长春商埠地内造型最丰富的近代建筑，是长春现存最早的近代建筑之一。

俄国领事馆（1916年）

俄国领事馆复建后（2014年）

### （一）削弱了保护历史建筑的共识

过去在表述殖民地建筑时，基本都打上了罪证和国耻的标签，使公众将其视为憎恶的对象、耻辱的象征，认为没什么价值，不值得保护，甚至几欲毁之而后快。这就严重阻碍了全社会对历史建筑保护意识的形成，在客观上还造成了容忍甚至主张破坏历史建筑的群众心理基础。90 年代一大批沙俄时期、民国时期和伪满时期的建筑在城市改造过程中被大量拆除，即使到了 2013 年，还发生了东本愿寺违法建设案件，以及 2021 年 5 月，已经被列入长春第二批历史建筑的新民胡同被拆毁。

**新民胡同** 位于长春市南关区大马路西侧，四马路与五马路之间，建于 1918 年，最初称王氏胡同，后称新市场、新民胡同，被称作长春“第一胡同”，也称长春“天桥”。一百多年前，在商埠地大马路中心，长春开埠局规划建设了一处新市场。在这个 310 米的胡同两侧各类商铺林立，戏园、茶馆、浴池、饭馆、旅馆、医院、理发店、书店、杂耍、拉洋片等行当应有尽有，可谓三教九流、五行八作一应俱全。著名的爱国茶社、六国饭店、回宝珍饺子、泰发合百货、亨得利钟表行等都坐落在这里，逐渐形成了餐饮、娱乐、购物一条街，老城里的平民百姓都喜欢到这里购物娱乐，成为远近闻名的市井闹市，现在很多知名的小吃、百年老字号就是在这里诞生的。可以说，繁华热闹的新民胡同见证了长春商埠大马路的发展，是长春商埠地萌芽、发展、繁荣的一个缩影。

新民胡同（1987 年，李春昌提供）

新民胡同（2000 年后，李春昌提供）

**泰发合百货旧址** 位于长春市南关区四马路7号（大马路与西四马路交会处西北角），是由中国人修建经营的最大的综合性百货商店，也是由中国人经营的最现代的商店。

1932年12月，由闯关东的河北乐亭“京东第一家”刘家第五代传人刘应隆与他人合股成立“泰发合株式会社”。1934年，地处长春老城商埠大马路的大楼落成。该建筑三层，局部四层，顶层带有塔楼，为L形转角楼，属欧美现代建筑风格。店内营业面积36 000平方米，经营品种齐全，种类繁多，一楼经营鞋帽衣袜、化妆品、文具，二楼经营绸缎、棉布，三楼经营五金电料、皮货等。这里经营的商品不仅品种多，而且还比较洋气，有日本货、东洋货等，商店一开业就生意火爆，成为商埠地内最大、最受欢迎的百货店。该建筑也成为商埠地内最高的标志性建筑。

泰发合百货是中国人在商埠地开设的最大商号，是中国民族商业兴起的代表，是闯关东先民自强不息、开拓创业精神的传承，是长春商埠地商业发展史的记录，它书写了长春商埠地的传奇。

泰发合百货店（1930年代）

泰发合百货店旧址（何敬卫，2022年摄）

**东本愿寺旧址** 位于长春市朝阳区北安路735号，称日本东本愿寺“新京”下院，亦称东本愿寺“满洲”别院。该建筑1936年5月开工，1937年竣工，由伪满洲国总务厅设计，日本福昌公司施工，建筑面积1590平方米，地上一层，地下一层，工程造价21万元。建筑主体为钢筋混凝土结构，局部配有木构件装饰，柱头有斗拱，屋顶为淡绿色铜板瓦的超大尺度歇山顶，屋脊及局部饰物由铜板包裹，大殿模仿日本“京都东本愿寺”正殿的大歇山顶样式，是日本在中国东北地区修建的最大寺院。

东本愿寺旧址，作为日本宗教侵略的实物载体，是日本发动侵略战争，移民东北的历史见证，是20世纪东北近代建筑研究的一部分，为省级文物保护单位。

东本愿寺（1937年）

东本愿寺旧址（2019年，伪满皇宫博物院藏）

**长春县公署旧址** 位于长春市南关区大经路67号，现长春市103中学院内。

1825年，长春厅治所从新立城迁移到宽城子，在西四道街建起一座传统中式建筑。原建筑为三进式院落，在1886年和1917年，先后进行过两次修缮。1926年，长春县知事张书翰用“自治款”2.7369万元重建了县衙署，1927年竣工。重新修建的县衙署是一个典型的中式四进四合院。该建筑在历经二百年的风霜后现已消失。

长春县公署(1929年)

长春厅衙署的迁移对长春的城市发展意义重大，在此之前，宽城子原来只是一个比较大的自然屯，农田、房屋、店铺相互交错，街路彼此隔离。长春厅衙迁来后，人口不断增加，城区面积不断扩大，粮豆贸易更加兴盛，商贾云集，于是，修建了总长1200米的南北大街(大马路)，将东西横向的头道街、二道街和三道街连成一体，宽城子逐渐发展成为长春的政治经济中心，长春经济从此繁荣起来。同时，清政府对长春的管理效力也随之增强，宽城子的知名度得到极大提升，在很长一段时间，都将长春称为“宽城子”，宽城子开始从一个默默无闻的小镇发展壮大起来。

长春文物保护工作因此也面临许多困扰。从2010年起，长春就为申报国家历史文化名城做准备，历时八年到2017年才成功获批，其中波折不断的主要原因，就是在长春历史建筑和南广场历史文化街区保护规划的过程中，学术界及公众对伪满遗迹的保护存有许多不同的意见，使历史街区保护工作面临重重困难。参与长春历史文化街区保护规划的公司对此深有感触：“很久以来，外人看长春的历史总似雾里看花，冠以‘伪’字的首都在城市发展中颇显尴尬，城市历史文化宣传也遮遮掩掩，学术界内对于其历史遗存也是充斥着各种声音。这为我们进行历史文化街区保护更新工作带来诸多困扰。”①

① 长春市规划局编著：《幸福都市专辑 长春国家历史文化名城》，吉林摄影出版社，2018年版，第31页。

## (二)影响了公众对城市形象的认受

认知心理学有一个“晕轮效应”概念,意思是我们在认识某个人或某件事物的时候,会将对方某个特别突出的特点、品质泛化成对对方整体性的认知,正如俗话所说:一俊遮百丑。

这种晕轮效应在城市历史的传播表达中尤其明显。不断强调长春历史建筑的罪证价值,反复强化长春历史中的耻辱记忆,最终塑造出让人备感压抑和沉重的整体性历史人文形象,破坏的是外界对长春人文形象的好感度,更严重的是会损坏长春市民的文化自尊心、对自己家乡的荣誉感和归属感。这也是长春城市历史文化学者曹冬雁先生所说的“一丑遮百俊”这一长春城市历史传播的尴尬。

如果本地人对自己的出生地都缺乏文化归属感,这个地方对人口和人才的凝聚力、吸引力就会下降。长春高校众多,拥有 40 万在校大学生,但毕业生很少愿意留在长春工作发展,不仅外地生源,即便是土生土长的吉林生源,也很少有人将毕业留长春当成优先选项。包括长春在内的东北地区多年来一直处在人口流失状态,个中原因固然很多,文化凝聚力不够肯定是其中一个不可忽略的因素。

美国著名人文地理学家段义孚指出:人类对自身的家乡故土具有天然本能式的依附和依恋情感,即“恋地情结”(Topophilia),其中最重要的一个黏合剂就是家乡那些熟悉的纪念性的历史建筑,因为它们构成了人们生命成长的背景,浓缩着生命中的温情记忆,甚至成为他们生命的“附属物”和“人格的延伸”,贬低这些“附属物”就等于在贬低他们的人生价值。[①] 历史建筑是历史记忆的载体,在其形成发展的过程中,不断地融入经济、政治、文化、军事等社会因素,这些社会因素经过长期的历史积淀,逐渐衍生出与建筑艺术相结合的一种独特的建筑文化。长春的历史建筑早已是城市岁月沧桑的记忆,成为伴随每个长春人成长的故乡景物,代表着自己家乡的城市历史风貌和地方文化特色,成为人们对曾经生活过的地方的记忆和怀念,是唤起本地人对家乡自豪感、归属感的实体。



①[美]段义孚:《恋地情结》,商务印书馆,2018 年版,第 146 页。

长春人对家乡的“恋地情结”，不仅体现在对乡土的依恋，也体现在对家乡的一草一木、一物一景的感怀。关注城市人文历史，对城市历史建筑的价值进行多元阐释，让人们从多个视角了解 20 世纪的东北建筑，是城市文化建设的时代需求。

今天，长春正致力于塑造“东北亚区域性中心城市”的开放形象，长春对自身城市精神的描述是“宽容大气、自强不息”，这些自我定位和自我期许，必然意味着在城市文化建设上对开放、多元、宽容等气质的追求。对城市历史建筑的价值阐释和话语表述，作为城市文化的重要组成部分，应自觉体现出这种开放、大气的现代气质，向长春市民、向外地游客、向全世界公众讲好长春故事，展现出长春的城市魅力和文化自信。

### （三）影响了长春文旅产业的发展

历史遗迹是发展旅游业的重要物质基础，如果一个旅游目的地拥有独特的历史建筑，它将大大提高远距离游客的到访率。但历史建筑资源对游客的吸引力，不仅在于建筑文物本体的各种独特价值，也在于话语表述方式对其价值和意义的呈现与赋予。能讲好长春故事的好的表述，会为建筑物平添无穷的吸引力和影响力，糟糕的表述则会让建筑遗址的魅力大打折扣。

长春文旅业发展，滞后于国内其他很多具有历史资源可比性的城市，一个重要的原因就是我们的城市人文历史传播表达的能力不足，话语表述方式的创新勇气不够，迟迟放不下自己身上沉重的历史包袱。

这种话语表述的尴尬，正如中共吉林省委宣传部原副部长吕钦文先生所描述的那样：“这些带有‘伪’字的遗址尽管也称‘文物’，但缺少底气，理不直气不壮，往往是欲言又止，难以张扬。这些建筑，一方面是文物保护单位，一方面‘伪’去不掉，遗址名称之前要冠以‘伪’；一方面保留遗址向游人开放，一方面对遗址内涵又语焉不详。这种文化悖论给城市记忆出了不小的难题。”[①]



① 吕钦文主编：《长春，伪满洲国那些事》，吉林出版集团有限公司，2015 年版，第 273 页。

若想摆脱这种话语尴尬，有必要借鉴上海、厦门、青岛和天津等这些同样以殖民建筑著称的国内城市的做法。它们在对其殖民建筑遗产进行文旅开发利用时，早就摒弃了过去那种“罪展”式的话语表述体系，积极顺应了现代城市历史人文表达的趋势和文旅发展的需求，大胆创新了自身的城市人文表达方式。在这方面最早挣脱习惯束缚、做得最成功的就是上海，上海对殖民地历史文化遗产的重新解释和表述是系统的整体性定位，早期的表述是“殖民者冒险家的乐园”，现在则是“东西方文化交汇而造就的东方魔都”。

## 三、错位：话语困境的深层次逻辑分析

当前长春人文历史话语表达困境，根源在于“罪展”话语表达方式与今天城市历史文化表达语境和传播诉求的不匹配、不协调和不适应。这种困境和纠结主要体现在如下四组根本性的关系之中。

### （一）话语空间：片面与全面

长春具有 200 多年的城市历史，如晚清与民国史、东北沦陷时期和中华人民共和国成立以来的历史，且在不同时期都留下了各具特色的近现代历史建筑。如吉长道尹公署旧址、天兴福火磨旧址、泰发合百货店旧址、郭宗熙旧宅等长春旧城及商埠地建筑；沙俄火车站俱乐部旧址、沙俄将校兵营旧址、沙俄领事馆旧址等沙俄中东铁路附属地建筑；伪满皇宫、伪满八大部、“满映”旧址等东北沦陷时期建筑；长春地质宫、长春光学机械研究所、长春应用化学研究所、第一汽车制造厂厂区建筑、长春南湖宾馆主楼等中华人民共和国成立以来的建筑。这些近现代历史建筑是长春城市历史中不可或缺的物证，更是近现代长春城市历史变迁的佐证。

**亚乔辛火磨旧址**　200年前，火磨是用蒸汽机作为动力代替人力或畜力驱动磨盘的机械化加工形式。

亚乔辛火磨，是长春近代面粉工业的开端，开创了机械化加工面粉的先河，是长春第一个现代化的机械面粉加工厂。该建筑是长春历史上第一座红砖钢筋水泥框架结构的四层建筑，也是长春第一个带有地下室和使用电梯的楼房，是长春第一座近代工业建筑。亚乔辛火磨的诞生，标志着长春作为东北粮豆集散地及粮谷加工业的兴盛，带动了粮食加工的发展，随后兴起的裕昌源火磨、天兴福火磨、福顺厚火磨成为远近闻名的制粉厂。

亚乔辛火磨（2000年，房友良提供）

**吉林永衡官银号长春分号旧址**　吉林永衡官银号是在官贴局的基础上发展起来的，1909年成立，总办事处设在吉林，在长春、滨江、延吉、珲春等地设了20多处分号，吉林永衡官银号长春分号设在北大街（现大马路1491号），是长春第一家官办银行，同时也是长春规模最大的地方官办银行，长春最大的发钞行之一。吉林永衡官银号长春分号在促进商品交流和扩大商品市场等方面起到了重要作用，在日俄帝国主义的金融侵略中起到了抗衡作用，作为长春经济发展的杠杆，在东北的金融史上占有重要地位。1934年，由于银行业务量的增加原建筑被拆除，在原址上建起“满洲中央银行”新建筑，该建筑最突出的特点是外立面为陶立克式廊柱造型。

吉林永衡官银号（1930年代）

在原址上建起的“满洲中央银行”旧址（1930年代，赵炳清提供）

**长春邮政局旧址** 该建筑1907年11月建成，由日本东京都督府民政部土木课长松室重光设计，造价7.5万日元。占地9856平方米，建筑面积125 600平方米，主体建筑地上两层，地下一层，砖混结构，L形拐角楼，上方为两组双柱支撑的三角墙，楼顶为方形穹窿大坡面，屋檐有山花图案装饰，正门两侧有4根爱奥尼柱，主体立面为拱券柱廊，外墙装饰精细，造型美观，为欧洲折中主义建筑风格。

长春邮政业务开通后，逐渐成为东北邮政最发达的地区之一。该建筑在百余年的时间里，从始至终一直作为邮政机构使用，其功能从未改变。

长春邮政局(1915年)

长春邮政局宽城邮政支局(2021年，宋伟宏摄)

**“满铁”图书馆旧址** 1910年11月设立，最初设在室町小学校（天津路小学）内，1931年6月9日，在长春大街（人民大街）建起新馆，1931年10月12日竣工。

该工程由“满铁”工事课设计，长春地方事务所工事系监理，近藤组施工，耗资2.53万日元。总建筑面积407平方米，坐东面西，砖瓦结构，地上一层，地下一层。地上一层为一般阅览室和儿童阅览室，地下一层为仓库、厕所等。新楼竣工后，“满铁”长春图书馆搬迁过来，藏书达5.3万册，成为伪满洲国五大图书馆之一。

“满铁”图书馆（1930年代）

现长春市图书馆分馆（2021年，宋伟宏

**横滨正金银行长春支行旧址** 横滨正金银行是日本早期的外汇银行，日本第二大银行。该建筑建于1922年，由日本著名建筑师中村与资平设计，日本清水组施工，建筑面积1562平方米，地上两层，地下一层，钢筋混凝土结构，楼体正立面立有4根爱奥尼柱，柱头带有向下涡卷装饰，墙面贴土黄色瓷砖，为希腊古典建筑风格。地上一二层间设有天井，一层天井四周为营业窗口，二层四面环廊为办公区域。地下金库门由美国旧金山赫尔曼安全有限公司制造。整个建筑典雅、庄重，典型的欧洲建筑风格。

横滨正金银行（1930年代）

现横滨正金银行旧址（伪满皇宫博物院藏

**长春市工人文化宫** 该建筑1956年动工，1958年竣工投入使用。由长春冶金建筑学校黄金凯主持设计，长春第一建筑工程公司施工，总建筑面积1.68万平方米，五层局部框架混合结构，建筑立面造型具有民族建筑风格，细部檐口装饰线角，使用了新材料，具有浓郁的民族风格。该建筑整体与人民广场周围的建筑协调一致，共同构成气势恢宏的纪念性建筑群，是体现新中国建设成就和中国人民智慧的地标性建筑。

长春工人文化宫（2015年，赵炳清摄）

**吉林省宾馆** 该建筑1956年动工，1959年建成使用，由长春市建筑设计院高铁汉和卜毅共同设计，长春市第一建筑工程公司施工。占地面积4.8万平方米，建筑面积1.6万平方米，主楼七层，框架结构，两翼各五层，砖混和部分框架结构，建筑造型简洁、对称、朴素，屋顶采用了中国传统的翘角及仿斗拱建筑风格，体现了20世纪50年代浓浓的时代气息。

吉林省宾馆（2015年，赵炳清摄）

**南湖宾馆** 该建筑1958年2月动工，1959年竣工投入使用，由长春市建筑设计院卜毅主持设计，长春市第一建筑工程公司施工。整体建筑由1栋三层主楼和6栋别墅组成，占地面积86万平方米，建筑面积14万平方米。建筑风格采用中国传统园林布局手法，使楼群与水面、树林、亭台等人造景观融为一体，主楼采用仿明代宫阙式建筑风格，飞檐微翘、圆柱通顶、气势宏伟，内部设有总统房、大中小会议室、接待厅、中西式餐厅，以及电影厅、游泳馆等设施。6座别墅小楼为中式、法式、德式，各具风格，扇形分布在院内的东南面丛林中。宾馆院内绿树成荫，花草繁茂，东方古典园林与东西方建筑在这里完美地融为一体。

南湖宾馆（2021年，宋伟宏摄）

**吉林农业大学教学楼** 该建筑1958年动工，1960年竣工投入使用，由长春建筑设计院设计，长春建筑公司施工。总建筑面积1.74万平方米，建筑平面对称布局，主体三层，局部四层和六层，外墙贴米黄色面砖，屋顶铺设绿琉璃瓦，建筑整体简洁利落，采用民族古建筑设计手法，是“少花钱、多办事、标准高”的新建筑范例，体现了中国传统民族建筑风格。

吉林农业大学教学楼（2014年，赵炳清摄）

东北沦陷时期的建筑群在长春历史建筑中规模和体量最大，特色最显著，知名度最高，文旅资源开发利用和城市历史传播表达以其为重心是情理中事。但伪满洲国存世仅14年，相对于200多年的长春城市历史而言，只是一个极为短暂的片段。如果以东北沦陷时期建筑代表长春历史建筑，就相当于用东北沦陷14年历史代替长春近现代200多年历史。这样的城市历史表述，很显然存在着以偏概全、以点代面、以局部遮蔽整体的认知缺憾，从而误导公众对长春城市历史的整体解读，而将东北沦陷14年的历史阴影投射和覆盖到整个长春近现代历史。

突破这种话语空间上的自我设限和画地为牢，长春的城市历史传播表达就会豁然开朗。将长春200余年的历史完整地表达出来，尤其是强化长春在新中国革命和建设时期的重大史实发掘和红色故事讲述，这对于改变长春城市历史在公众认知中沉重屈辱的刻板印象，从而塑造出一个更富魅力的长春城市文化形象，既是必要的，也是有效的。

### （二）价值侧重：国耻教育价值与文旅价值

“罪展”话语体系在逻辑上是早期对长春历史建筑价值的单一化、片面化认知的结果，即排他性强调罪证展示和国耻教育价值，而忽略了其他价值。

而地方性文旅传播则更侧重历史建筑中能引发更多元更丰富的人文体验的价值表达。正如ICOMOS《文化遗产阐释与展示宪章》所确立和主张的遗产价值阐释原则：有效的价值阐释“应能增强个人体验，提高公众对文化遗产地的尊重和理解”，有助于“激发更深层次的兴趣、学习、体验和探索”。[①]

以新民大街两侧的伪满官厅建筑价值阐释为例，“罪展”话语表述强调的是“日本帝国主义和伪满傀儡政权统治镇压中国人民的缩影”，对其他内涵的阐释则会略过甚至无视。而文旅传播话语表述在正确描述出其历史价值的同时，还会从游客的直观印象出发，介绍这些建筑的艺术风格、建造过程、功能结构，以及发生在这里的重要历史事件和人物故事等，甚至会引导游客如何解读这些建筑独特的艺术形式。

从游客的角度，更想从历史文化遗产的角度了解20世纪初的建筑文化和艺术，这样的文旅价值表述更能给予知识的获得感和情绪上的舒适感。但这样的表述，需要对这些建筑以及相关历史背景进行充分、深入、细致的研究和内涵发掘，从而为包括导览解说词在内的文旅信息服务提供充足的知识素材储备。没有这样的基础性准备工作，话语表述就成了无米之炊，解说词无论怎么写都会显得空洞。当前长春的人文历史表达最明显的弱点，就是还没有彻底摆脱这种历史知识的内容贫乏，从政府宣传、媒体传播到导游解说，不会讲故事，或讲不好故事，原因就是故事素材太匮乏。

### （三）叙事风格：脸谱化与讲故事

“罪展”话语体系就其最初追求的功能目的而言，是为了激发国恨家仇以及由这些情绪催发的爱国主义情感。而今天我们创新城市人文历史表达

---

① 国际古迹遗址理事会（ICOMOS）：《文化遗产阐释与展示宪章》，2008年10月4日国际古迹遗址理事会第16届大会（加拿大魁北克）通过。

的目的，是要讲好城市故事。

“罪展”式的话语表述更愿意诉诸激情，重视煽情的修辞策略，更注重宏大叙事，喜欢对历史事件和人物进行脸谱化、标签化，甚至是缺乏修辞节制的简单化，而拒绝考察具体情境中历史事件演进和人性的复杂性。简言之，“罪展”式表述最终对历史的呈现必然是简单化和粗糙化、抽象化的。以伪满皇宫的一段直到 2004 年还在使用的讲解词为例：“现在，请让我们共同走进伪满皇宫，了解在日本帝国主义的铁血统治下，充满了怪诞气息的宫廷及溥仪及其后妃被扭曲的、迥乎异常的宫廷生活。”[①]这里面的用词如“怪诞”“扭曲”“迥乎异常”，已超出正常的宣教表达需要。这种为煽情而不惜过度修辞的表述方式，在“罪展”式话语体系中是常见现象。

这样的话语表述对于以观光为目的的游客而言，其效果如何不言而喻。事实上，即便从宣传的角度，过分情感化、煽情的表达都是很不明智的低级宣传方式。而且在当今高等教育普及的情况下，绝大多数游客的文化程度都不低，他们更愿意在客观完整信息条件下做出自己的判断，煽情化理念的强加反而会引发逆反心理。

讲好城市故事，最重要的话语策略，是以平等尊重的心态对待受众和游客，要把历史表述工作理解成为游客提供知识服务。首先要避免对历史进行粗糙简单的标签化、脸谱化处理，避免生硬的说教灌输，避免使用主观化、情绪化、情感化的词语，而是用生动的历史细节、客观而翔实的史料呈现，让受众在丰富的信息量和充实的知识获得感中，形成对长春人文历史底蕴的积极印象。

### （四）叙事视角：国家历史视角与地方历史视角

“罪展”式话语体系观察和评价长春历史建筑所采取的视角是宏大的国家历史视角，所有表述都服务于国家历史叙事的需要和爱国主义教育目的。

在 20 多年前，长春的城市历史叙事完全被国家历史叙事所覆盖，直到最近 20 年，旅游业的兴起和城市形象塑造的原因，才逐渐产生了地方历史

① 于国志主编：《吉林省优秀导游词精选》，吉林人民出版社，2004 年版，第 155 页。

视角的叙事需求。地方历史视角的叙事会更倾向于强调本地历史文化资源的丰富性、独特性和魅力，以增强外界对本地历史文化的认可和好感，培育本地人对自身历史传统的自豪感、认同感和归属感。

这种由本地发展利益驱动的地方性视角的历史叙事，本质上是城市对自身形象的一种市场化推广，其话语表述方式，与“以国耻教育为导向的罪展话语体系”相对而言，可以被概括为“以城市魅力展示为导向的文旅传播话语体系”。

两种话语体系本质上并无冲突，因为它们面对的都是同一个城市的历史建筑物、同样的史实材料，但各自因为角度的不同而叙事的侧重点不一样，所在意和所强调的价值也不一样。二者之所以出现不耦合的现象，在于适用场景的错位。二者功能目标不可相互替代，适用范围也不可能相互替代。国家视角的“罪展”话语体系侧重于爱国主义教育场景，而地方视角的城市历史话语表达则适用于城市人文形象宣传的场景。

## 小 结

对历史建筑的价值认知，与城市对自身历史的话语表述方式，两者相辅相成，互为因果。长期以来，对长春历史建筑“罪证展示”价值的强调，直接塑造了以“国耻教育”为导向的“罪展”式话语表述方式。这一话语体系的习惯性延续，直到今天还在制约甚至主导着对长春城市历史的表达传播。

通过文献梳理和公众问卷调查，本章揭示了对长春城市历史“罪展”式的话语表述方式，对讲好城市故事、传播城市魅力，以及城市人文形象建构、城市精神培育和文旅产业繁荣产生的多重影响，并从中可以看出其已经远远满足不了当前公众对长春城市历史的认知需求和城市高质量发展的需求。

本章对长春城市历史表达的话语困境进行了深层次逻辑分析，阐释了这种困境的根源，就在于“罪展”式话语表述体系与今天城市历史文化表达语境和传播诉求的不匹配、不协调和不适应，具体体现在四组根本性关系的“错位”之中：一是话语空间上，对东北沦陷 14 年历史的过度强调，等于遮蔽了长春整个 200 多年的历史，城市历史传播表达必须突破过去这种视野上的短见；二是在价值侧重上，语境不同则对历史建筑价值内涵展示的重点也应不同，国耻教育的话语方式缺乏对文旅传播场景下游客需求的全面满足和响应；三是叙事风格上，“罪展”式历史叙事的简单化、脸谱化，已经无法满足公众对城市历史人文认知的多样化、丰富性的需求，城市人文历史传播必须学会讲故事；四是在叙事视角上，同时兼具国家历史视角和地方历史视角，是全面准确地认知历史建筑价值的前提，过去的话语方式最根本的问题就是缺乏关切本地发展的地方视角。

# 第五章　学会讲故事:长春城市历史表述和传播的创新

长春城市人文历史表达的话语困境,本质在于"罪展"话语方式的惯性沿袭和滥用,与今天城市文化传播需求的不适应,甚至发生冲突。突破"罪展"话语方式困境的关键是与时俱进,在传统的"以国耻教育为导向"的"罪展"话语方式体系之外,适应长春正面临的城市人文传播需求,构建一套"以城市魅力展示为导向"的历史人文传播话语体系。这种话语表述方式的创新,首先要突破心理障碍,解决"不敢"和"不愿"的问题;其次才是修辞技术层面的话语方式转换,解决"不能""不会"的问题。

本章基于前面四章的分析阐述,针对长春近现代历史建筑和城市历史的话语表述方式的创新,提出如下建议。

## 一、克服"不敢"和"不愿":转换心态和切换视角

话语表述方式创新,首先要解决"不敢""不愿"的问题。

不分场合、反复强化的"罪展"话语方式,会让人们一直沉陷在"受害者"心态和耻辱记忆里不能自拔,这种集体式的消极情绪造成的"弱者"自我暗示,对城市精神的培育是极其不利的。

中国发展到今天,前所未有地接近实现中华民族伟大复兴的目标,前所未有地走近世界舞台中央,已经是当之无愧的世界大国,就像习近平总书记指出的那样:"中国已经可以平视这个世界了。"所谓平视,就是我们无须以弱者的姿态仰视别人,已经平复了受害者的怨气和恨意,开始心平气和、平等地面对他人、面对世界、面对历史,这意味着一种与国力相匹配的从容自信和大度的心态。正如著名历史学家王元崇所说:"现在的中国已经是一个经济总量即将超过美国的国家,19 世纪的屈辱史不是中国历史发展的常态,放在中国

历史长河中来看不过是100年的非常态……我们不能够再延续以前的屈辱史观——如果还继续把自己放在一个被欧美殖民主义侵略、积贫积弱国家的位置上，一方面无法担任起一个大国应该具有的责任，另一方面也会给新一代的集体记忆产生一种负面影响。”

有这种自信大度的心态，我们回顾自身的屈辱历史就不会再那么敏感和脆弱，在历史表述上就不会那么纠结紧张，就会从容地处理好国耻教育与城市魅力传播的关系。

我们从不否认“罪展”话语方式体系有其正当性、合理性和必要性，即日本侵华历史的罪恶不容否认，民族情感神圣不容冒犯，爱国主义教育必不可少。但“勿忘国耻”的爱国主义教育，与展现城市魅力的人文形象宣传，两者并不矛盾，不过是价值侧重点有所差异而已。通过话语体系创新和表述方式改进，达到讲好城市故事、促进振兴发展的目的，是一个城市正当的发展权利和义不容辞的责任。铭记国耻、振兴中华的爱国情怀是我们需要的，传播家乡美好人文形象、加快长春振兴发展的乡土情怀也是我们需要的。从国家历史视角看待长春近现代建筑价值是我们作为中国人所必需的，从地方历史视角理解家乡历史文化遗产价值和意义，也是我们作为长春市民所必需的。两者不可能相互冲突，也不应该相互抹杀，只需要我们在具体的传播语境中采取最合适的视角和选择最有效的话语表述方式。

只要有一种面对历史的大度自信，在保持国家情怀和国家历史视角的基础上，增强对家乡的乡土情怀和发展利益关切，增添理解城市历史的地方视角，我们就会发现改进和创新城市历史传播话语，乃是理所当然的选择，根本不用充满纠结和顾虑。

## 二、解决“不能”和“不会”：加强研究和充实原料

“罪展”话语方式之所以在长春城市历史传播表达中过度蔓延，除了前述的“不敢”“不愿”的心态问题，还在于我们缺乏讲好城市故事的素材和能力。

造成这种话语贫困现象的根本原因，就是长期以来对长春历史的认知空白。除了用于控罪的一些政治性史实研究，对这个城市的商业、贸易、文化、教育以及市民日常生活状态等各方面历史，我们几乎从未进行过系统、

深入研究，既缺乏这方面的学术成果，也没有相关的普及性读物，更缺少原始文献档案的公开。没有足够的相关知识信息积累，历史话语表述必然内容贫乏单调，即便有话语表述的改进意图，也势必是无米之炊。这也是为什么长春很多历史建筑的解说文本，基本都是照搬和套用了伪满皇宫40年前形成的“罪展”话语方式体系。因为除此之外，想借鉴也找不到现成的模板。

久而久之，这个城市的历史细节已经随着一代代亲历者、亲见者、亲闻者的逝去而永远淹没在遗忘之中。“罪展”话语方式表述出来的长春历史，几乎等于说这个城市根本就没有历史：除了留下让人备感沉重压抑和呆滞乏味的模糊印象之外，没有表情、没有温度、没有肌理、没有气息，似乎从未活色生香地存在过。

ICOMOS《文化遗产阐释与展示宪章》非常重视专业性的科学性的研究工作，认为这是遗产价值阐释工作的基础和前提：“阐释与展示应以通过公认的科学和学术方法以及从现行的文化传统中搜集的证据为依据”“阐释应以对遗产地及其周边环境所进行的详尽的多学科研究为基础”。[①]所以长春城市人文表达创新，要解决原材料匮乏的问题，就必须加强对长春城市历史的研究发掘，鼓励更多的学者和民间爱好者，积极投入到城市历史的全面研究之中，鼓励“三亲”史料的撰写、收集整理和公开，推动各机构馆藏档案的公益化普及和社会化利用，重点支持那些过去被忽略、被无视的非政治、非军事领域，如文化教育、商业消费、日常生活等充满“市井生活气”的专门史研究、写作和传播。

有了充足的历史知识原料，话语表述的创新就有了源头活水；有了丰富的历史细节，讲好长春故事就水到渠成了，长春的城市人文形象，就能告别沉重压抑、枯燥乏味，而变得活色生香、可亲可爱。

## 三、具体操作建议

我们对城市历史话语表述的更新创新建议，主要从三个层面展开，具体如下：

---

① 国际古迹遗址理事会（ICOMOS）：《文化遗产阐释与展示宪章》，2008年10月4日国际古迹遗址理事会第16届大会（加拿大魁北克）通过。

### (一)“认知填空”行动计划:强化研究,克服“内容贫乏”

坚持“学术立本”原则,在资料整理、数据库建设与开放、学术研究、对外交流等方面下功夫,填补对长春历史、建筑遗产的认知空白。建议采取如下“认知填空”的系列行动计划:

第一,组建长春人文历史学会。借鉴英国“历史英格兰(Historic England)”遗产保护组织形式,汇聚相关专业人士,组建长春人文历史学会,作为长春城市历史遗产保护利用的法定咨询机构和研究传播的专门机构。

第二,设立城市史调查研究专项课题。由政府出资或以企业赞助方式设立基金,鼓励和引导学者、爱好者从过去被忽略的各个方面探究长春城市历史,填补城市记忆空白。比如,长春现有的一个城市历史建筑民间保护组织——“踏查长春”团队,是由一群对城市历史遗址有兴趣的民间爱好者组建而成的,其口号即“用脚步丈量城市历史、用目光触摸古宅街巷、为长春历史增添人文情怀”。该组织自 2008 年成立以来,多次组织成员走遍城市大街小巷,对各类历史建筑和遗址展开实地探究、调查、记录和传播,已经成为推动长春历史遗址保护利用、扩大历史建筑价值传播的一支活跃力量。如果这样的组织得到有力的基金资助,对活跃城市历史文化传播,必将发挥出更大的作用。

**“踏查长春”团队**　在长春,有这样一支团队,有这样一群人,为了留住城市的昨天,更为了城市的今天和明天,他们走进城市历史现场,用脚步丈量自己的城市,用目光搜索城市的大街小巷,他们穿行在城市的角角落落,追究探寻城市建筑背后的故事,不停地发出保护历史建筑呼声,他们就是来自民间的“踏查长春”团队。

“踏查长春”团队自 2008 年成立以来,在团队发起人陈学奎老师的带领下,从第一次踏查百年大马路开始,先后踏查了长春老城的长春大街、西四道街、西三道街、热闹街,走访了宽城子兵营、沙俄兵营、南岭大营,寻找伊通河源头,踏查完颜娄室墓、红石砬子遗址、柳条边遗址、长春厅旧址等等。十几年来,他们踏查的脚步从未停歇,几乎走遍了长春城区、郊区的各个角落。这支民间团队来自不同行业、不同年龄,有古稀老人、有年轻学生,有专家、学者、教师、医生、工人、退休人员,有摄影爱好者、收藏爱好者、文史专员、民俗专家、考古专家等。他们怀着浓浓的乡土情怀,以极大的热情,在自己的出生地寻找儿时的记忆,寻访家乡的城市历史风貌和地方特色文化,寻觅对自己家乡的归属感和那份挥之不去的乡恋、乡愁。他们这种乡土情怀是为了唤起本地人对自己家乡的自豪感和归属感,是在助力对家乡城市历史建筑的保护和相关历史文化知识的传播。

2015 年，纪念抗日战争胜利 70 周年，踏查宽城子兵营(赵娟摄)

2015 年，踏查沙俄兵营

2015 年，踏查二道沟邮局(刘仲伟提供)

2015 年，踏查后水泉

2015 年，踏查石碑岭完颜娄室墓(武官正摄)

2015 年，踏查石碑岭完颜娄室墓(武官正摄)

2015 年，踏查左家山遗址(赵炳清摄)

2016 年，“踏查长春”团队在伊通河上游找到了红石砬子遗址，即伊通河源头(武官正摄)

2016年,踏查伊通河流域古代遗址(武官正摄)

2016年,踏查伊通河流域古代遗址靠边孔
(武官正摄)

2016年,"踏查长春"团队组织市民踏查"小北沟"(赵娟摄)

2016年,举办伊通河踏查论坛(刘仲伟提供

2017年,"踏查长春" 团队成员踏查长春大街、西四道街、西三道街等街路(武官正摄)

2017年,踏查长春大街、西四道街、西三
街等街路(武官正摄)

2017年,踏查"热闹街"暨老城区(武官正摄)

2017年,踏查老字号"玉若魁"(武官正摄)

2017 年，踏查双阳遗迹（于占成摄）

2017 年，踏查长春老城“热闹街”

2019 年，踏查伪满国务总理大臣张景惠官邸旧址

第三，建设和免费开放长春历史文献档案数据库，推动省市档案馆、长影、各大博物馆实现档案的数字转化和公益化利用，整合资源建立和免费开放长春历史文献档案数据库。

第四，编撰长春历史建筑普及读物。联合档案馆、规划局、文物局等，搜集和整理历史建筑的档案、图纸、历史图片等，编撰普及性、工具性、权威性的多卷本《长春近现代历史建筑资料集》。

第五，开展国际历史建筑交流节（展），加强与长春历史建筑关系国（日、俄、法等）的文旅部门、建筑公司（日本清水组株式会社、法国 BROSSARD MOPIN 公司）联系，互办“国际历史建筑交流节（交流展）”，推进双方在建筑风格、遗产保护与利用等方面的交流与合作。

第六，资助城市历史新媒体传播。过去本地媒体主办的《发现长春》《长春地理》等栏目对普及长春历史知识发挥了重要作用。传统媒体日渐式微的

形势下，宣传部、文旅局、外办应制订资助新媒体传播计划，延续城市人文历史的普及推广。

### （二）“文本更新”行动计划：确立样本，引导表达创新

话语创新是一个文本更新的过程，一方面要“除旧”，对全市包括官方介绍、展陈说明、讲解词等文旅信息文本中的“罪展”话语方式，进行系统清理。对其中已经明显不合时宜、过度情绪化的表述用语，予以替换，代以规范、客观和更符合现代社会价值的表述。另一方面要“布新”，根据“全价值呈现”原则，设立专门项目组，对伪满皇宫博物院、人民大街、新民大街等核心区域内的历史建筑，编制导览讲解示范文本，重新编制标牌和导览讲解示范文本。

第一，编制慎用词表及更换词表。邀请专家审定长春历史文化推介时使用的文稿，编制关于长春历史建筑表述的“慎用词表”和“替换词表”。对百度、知乎等网络平台上关于“长春历史建筑”的词条进行丰富、修正与优化，方便招商、文旅推介时参考使用。

第二，提升并推广“长春故事”城市史课。伪满皇宫博物院已聘任历史学家，定期带领中小学生前往长春历史建筑，讲述长春城市史。建议将“长春故事——长春城市史教程大课堂”列为全市中小学城市史必修课。

第三，开展“优秀历史建筑”挂牌行动。在长春近现代历史建筑显著位置统一悬挂“长春优秀历史建筑”标牌。

第四，制作话语表述范本。坚持“全价值呈现”原则，以讲好长春故事为目标，编写代表性历史建筑的解说词、宣传语，以及景点导览和网络查询等重要应用场景的示范性表述文本。

第五，设立东北抗战胜利纪念馆。整个东北地区主要的抗战类纪念馆都给人以屈辱、沉重和压抑的代入性身份体验，而缺乏胜利性、荣耀性、振奋性的正面积极情绪体验的展陈主题。在抗战胜利 80 周年设立“东北抗战胜利纪念馆”，弥补东北地区缺少纪念东北抗战胜利纪念场所的缺憾，丰富爱国主义社教的体验场景模式，有利于东北人民转变“武装侵略、殖民统治受害者”的身份认知，形成“抗日战争胜利者”新的身份认同，名正言顺强化抗战胜利者的正面姿态和积极心态，更牢固地树立民族自信心、增强民族自豪

感。利于长春走出“耻辱者”历史阴影,名正言顺强化抗战胜利者的正面姿态和积极心态,增强发展自信。此外,设立“东北抗战胜利纪念馆”的不可替代的特殊意义还在于:既是对付出巨大牺牲、做出巨大贡献的东北抗日英烈们最深情的告慰和最崇高的礼敬,也是对中国共产党领导全民族抗战这一事实最雄辩的宣告和最坦荡的证明。习近平总书记强调14年抗战是一个整体,“要注重研究九一八事变后14年抗战的历史,14年要贯通下来统一研究”,而东北抗战是“14年抗战”这一论断最重要的支撑,设立“东北抗战胜利纪念馆”将有力彰显东北抗战的重要历史地位。

### (三)“情境营造”行动计划:推动长春历史建筑的文化IP化

长春城市人文历史表达创新,营造可爱、可信、可敬的城市人文形象,需借鉴国内其他城市先进经验,为长春文旅服务和传播,营造出更有开放性、亲和力和感染力的“情境”,推动长春历史建筑的城市文化IP化。

第一,立法推动历史建筑全面开放。建议市人大参照《文物建筑开放导则》和天津、厦门等地建筑遗产保护利用的立法经验,结合长春实际,解决历史建筑产权复杂难题,推动全面开放(特别是新民大街区域内建筑遗产的整体性开放与利用)。

第二,创设特色文旅线路产品。整合全市历史建筑,突出旅游线路产品特色,设立“长春红色基因廊道”“长春工业文化廊道”“长春俄式建筑廊道”“长春历史街区廊道”等。

第三,打造没有围墙的建筑博物馆。市委牵头,联合吉林大学、军队等部门,成立“长春历史建筑博物馆联盟”,颁发“参观护照”。游客取得参观护照,即可参观联盟内建筑,使整个长春成为“没有围墙的建筑博物馆”。

第四,设置历史建筑背景信息二维码。推动建筑物“文本化”,逐步为每栋历史建筑设置二维码,供游客扫码阅读,了解建筑本体的历史信息,讲好历史建筑的故事。

第五,策划主题活动,推动建筑遗址“IP化”。鼓励和引导社会各界策划、举办长春历史建筑相关文创活动,塑造网红打卡地,吸引艺术、建筑、摄影等人士,举办长春历史建筑画展、摄影展,推动历史建筑的社会化传播和长春城市魅力的全网传播。

总之，更大限度地吸引市民、游客，打开长春城市建筑这部“大书”，走进长春这座“人民城市”，在这里阅读长春、读懂长春，在这里体验长春、爱上长春。

## 四、可借鉴的案例

以包括历史建筑在内的遗迹遗址为中心的城市历史文化传播，在国际国内均不乏成功和优秀的案例。就国内城市而言，我们重点考察了成都和上海这两个城市。其中，成都作为拥有丰厚历史遗产资源的千年古城，其案例具有普适性；上海与长春有近似的沦陷历史经历，拥有的建筑遗产资源也多为近现代殖民建筑，面临的话语困境也差不多，因此其案例对长春尤其具有针对性。

### （一）案例一：成都“历史文化地标展示系统”

借助移动互联传播技术，实现城市历史文化传播创新，国内多个城市都有类似的实践案例，其中成都实施得最早、最系统，运作最成熟，因此也相对更具有借鉴参考价值。综合其基本思路就是，对城市具有代表性的历史遗址遗迹，设置标识牌。标识牌的作用，一是对该遗迹有文字简介，二是设置二维码，供游客通过智能手机扫描，进入网络信息平台对相关历史背景进行更充分的了解。

成都的相关项目名称为“成都历史文化地标展示系统”，2019 年入选国家文物局“互联网 + 中华文明”重点示范项目，由成都市文物信息中心建设。截至 2018 年底，全市已建成 1153 处文化地标点位，其中市级 372 处，区市县级建设 781 处，基本完成“两江环抱，三城相重”古城格局区域内的历史文化地标点位和中心城区（11+2）重点地标点位全覆盖。“只需一个二维码和一部智能手机，金沙遗址、锦里、武侯祠、杜甫草堂、永陵（王建墓）、淳化街、东明街、观音阁老茶馆等成都千余处著名历史文化地标的前世今生便活灵活现地出现在了游客面前。”

官方定义如下：成都历史文化地标展示系统，是基于为公众服务打造的全新城市文化亮点，旨在充分挖掘成都历史文化地标背后的故事，通过先进科技手段的应用推动成都文化遗产资源的保护与传承，构建文化地标“一图多线”的格局，实现对成都优秀历史文化的快速宣传推广，并充分结合成都市文化、商业及旅游相关资源，促进跨界融合，积极推动成都市文化产业全面发展。

围绕这些文化地标，成都市文物信息中心进行了体量巨大的内容平台建设。先后陆续推出了锦点网（成都数字文化文物信息平台）——成都文化文物应用展示平台（cd3000y.com）、青青锦点网站及其App（天府文化青少年互动教育平台）首页——青青锦点（618cd.com）、锦城家珍App（成都精品文物数字博物馆）、成都市文化产业公共服务平台、走近成都App、成都历史文化地标展示系统App（O2O城市文化地标导览）等一批数字化成果。

成都历史文化地标展示系统，在展示形式上，根据成都历史文化特色和代表性文化元素设计制作地标标识标牌，在文字、图片、音频等传统展示方式的基础上，增加了微视频、动漫游戏、连环画、三维文物、虚拟全景、穿戴设备、智能终端、自助终端等展示形式与手段，生动讲述、形象阐释每个地标背后蕴藏的历史故事；技术手段上，通过GIS、二维码、App、HTML5微网站、精确定位（iBeacon、Wi-Fi等）、精准推送、互动展示、体感识别、穿戴设备等现代科技手段集成运用，打造成都文化地标信息化O2O平台，为市民和游客提供信息查询、虚拟旅游、路线导航、免费Wi-Fi、电子导游、增强现实、社交分享等全方位服务。

### （二）案例二：上海“建筑可阅读”计划

为了更多的历史建筑被公众阅读且更“易读”，上海探索了许多新方式。在上海，你可以享受“零距离”阅读，亲历建筑现场、走进名人故居，利用AR增强现实技术，通过扫建筑细节部、扫图片、扫视频来阅读建筑介绍，回溯名家与家的记忆；你也可以体验新科技阅读，以VR全景读城方式阅读那些难以进入的建筑，并以特色建筑幻影成像、三维动画解构建筑、电子墨水墙互动阅读等方式更加直观地了解街区老洋房的风貌；你还可以尝试“微游式”阅读，由老房子爱好者引路探秘，以向导的角度为你讲述建筑的百年风云。

上海“建筑可阅读”工作运用大数据、人工智能、物联网、云平台等数字化方式，从“扫码阅读”的1.0版、“建筑开放”的2.0版，进入全新的“数字转型”3.0版。上海通过“建筑可阅读”的全新转型，着力在体验数字化和服务体系化上取得新成果，着力在市民满意度、社会参与度、跨界融合度上实现新突破，充分发挥“建筑可阅读”在打响“上海文化”品牌、创造高品质生活中的重要作用。

### 1. 从“扫码阅读”(1.0版)到“建筑开放”(2.0版)

(1)搜集考证。委托学术团队对市内历史建筑的建造背景、建造时间、建造费用、建筑风格、功能变迁、人文历史等方面进行搜集考证，形成“历史建筑全生命期数据”(包括内容外译)。

(2)设计安装。绘制历史建筑分布图、设计建筑铭牌、设计历史建筑手机端和PC端网站等。

1.绘制历史建筑分布图和手绘地图。在考证基础上，绘制历史建筑分布图，标注每一幢历史建筑的具体位置、原有名称与现在用途。手绘地图惟妙惟肖地画出了每一幢历史建筑的风格特色。

2.设计安装建筑铭牌。统筹考虑色调、材质、字体、风格等，精心设计多套铭牌方案。利用微信公众号等新媒体，对铭牌设计方案进行投票，广泛征集意见，选用投票率最高方案。

3. 设计历史建筑二维码手机端和PC端网站。借鉴文旅机构、政府官网等已有网页，从整体风格、阅读习惯、网页美感、实用功能等角度，精心设计二维码手机端和PC端网站。

(3)后续工作。为建筑安装二维码铭牌后，上海进一步完善历史建筑网站，出版历史建筑书籍，开设校史课讲述建筑背后的故事，联络媒体进行报道，实现校园历史建筑的“可证、可看、可读、可听、可感、可思”。

### 2. 建筑全新的“数字转型”3.0版

2018年起，上海大力推动“建筑可阅读”工作。经过三年时间，上海“建筑可阅读”经历了从“扫码阅读”的1.0版到“建筑开放”的2.0版的“升级”，目前范围已拓展至全市16个区，开放建筑1037处，设置二维码2437处，基本实现了建筑的“可读”“可听”“可看”“可游”。

上海市文化和旅游局会同全市16个区文化和旅游局共同指导、推动组建的上海“建筑可阅读”联盟正式成立。上海“建筑可阅读”联盟成员单位由

“建筑可阅读”相关建筑业主单位、建设企业、文商旅企业、科研机构、文博单位、社会组织、新媒体平台等组成。联盟致力于构建“建筑可阅读”专业服务体系，让越来越多的市民和游客感受到上海这座城市的温度和美好，具体表现在：

（1）全民参与“建筑可阅读”。联盟单位与美团、蜻蜓FM、腾讯、小红书、抖音合作，推出“全民评”“全民讲”“全民拍”“全民游”“全民创”，构建数字全媒体运作矩阵，吸引更多市民游客走进历史建筑，传承历史文脉和城市精神。“全民评”和“美团”合作，通过大众点评线上平台，广泛征集市民游客对上海城市建筑的游览意见和运营服务建议。“全民讲”和蜻蜓FM合作，邀请市民、游客以上海建筑为载体，通过音频创作与演绎的方式，讲述建筑的故事、人与建筑的故事。

“全民拍”和腾讯合作，向市民游客征集上海建筑的摄影作品，挖掘上海建筑蕴含的动人故事和不同特色。“全民游”和小红书合作，结合线上话题资源与线下联动，吸引用户游览上海建筑，发布相关攻略。“全民创”和抖音等合作，举办首届“建筑可阅读”伴手礼创意设计大赛，并在抖音平台进行线上展示。

上海文旅局以联盟为领衔机构，从市民、游客的点评内容和反馈中进行多维度大数据分析，形成专项报告，为相关单位改善服务提供依据，助力智慧旅游的发展。例如，基于“全民评”活动收集到的建议和意见，进一步通过大数据分析形成报告，为市民游客出行提供参考，为相关单位改善服务提供依据；“全民讲”“全民拍”“全民游”等活动积累的音频、图片、攻略等，也将进一步形成数据库，支撑“拍照识别建筑”、来沪必打卡旅游线路等新的产品或服务的开发。

（2）“建筑可阅读”的标准化服务。以联盟为主导部门，出台一套服务质量标准，打造一支由文化遗产、建筑、旅游等领域专家、讲解员和志愿者组成的人才队伍，挑选部分经典建筑开展“一楼一‘套餐’”试点工作，即每处建筑配有一张邮票、一套明信片、一本书、一部纪录片、一支讲解和研究队伍等，全方位、多角度、深层次地“阅读”经典建筑。

例如，上海武康大楼就是“一楼‘一套餐’”的样本。武康大楼目前有自己的书，有专属的邮票和明信片，甚至有属于自己的香氛、咖啡和饼干，还有纪录片。武康大楼是许多市民游客拍照打卡的网红地，但站在车流不息的路口拍照既不安全也不美观。为此，文旅部门在武康大楼对面，将人行步道做了拓展，做出了 3.6 米、500 多平方米的延伸。在这块空地上，游人可以安全地拍到武康大楼最经典的角度。

上海人民出版社此前已推出《这里是上海：建筑可阅读》系列丛书。上海人民出版社还推出“建筑可阅读”系列出版物，全媒体立体推广“建筑可阅读”。围绕出版的图书，出版社还将推出一系列线下活动，包括策划都市行走特别活动，以主题月形式邀请专家学者讲述上海建筑，配合“一楼‘一套餐’”为上海建筑度身定制专题文创等。

（3）“建筑可阅读”的专业服务。为进一步激发市场主体参与上海“建筑可阅读”工作的积极性，推动建立“建筑可阅读”品牌的共建共享机制，上海“建筑可阅读”联盟致力于构建“建筑可阅读”专业服务体系，不断丰富服务内容，提升服务水平，让越来越多的市民和游客感受到上海这座城市的温度和美好。

联盟将重点推出“建筑可阅读”微信公众号，举办“建筑可阅读”全民拍线下影展、第三届“建筑可阅读”文创市集等活动，全面提升“建筑可阅读”的服务水平，提高市民游客参与“建筑可阅读”活动的便捷度。

# 结　语

这一篇文字，本是课题结项时评审专家建议课题组在研究报告正式向有关部门提交时，附上一份摘要版，以便读者高效获悉报告主旨。因此，我们在对原研究报告内容进行高度浓缩的基础上，相当于二度创作地编写了这份报告的精简版。在此次出版时，我们决定保留此精简版文本，放在本书结束处作为全书的结语。

## 突破话语困境 讲好长春故事

2020 年 11 月，市文广旅局为落实市委领导“深入挖掘长春优秀传统文化、传承红色基因，做好伪满建筑等历史文化遗产的文化挖掘和内容阐释”的工作部署，要求伪满皇宫博物院组建课题研究组，就长春近现代历史建筑的价值内涵和价值阐释进行研究评审，最终形成供市委市政府科学决策的咨询报告。

伪满皇宫博物院课题组，遵照市文广旅局项目委托要求，确立了“长春历史建筑价值阐释及话语表述方式研究”的课题方向，通过系统深入的文献档案整理、公众问卷调查、其他同类城市经验调研等研究工作，历时七个月时间撰写完成《突破话语困境 讲好长春故事——长春历史建筑价值阐释及话语体系建构研究报告》，并通过专家结项评审。报告第一章考察梳理了长春历史建筑的沿革和现状，第二章对长春历史建筑所具价值进行深入挖掘和全面归纳，第三章考察了过去几十年来对长春历史建筑价值的认知变迁过程，第四章论述和分析了关于长春历史建筑的话语表述方式的形成、特点、问题和原因，第五章对如何优化和创新城市历史文化传播表达提出合理化建议。

现将该报告核心内容摘要简编如下：

## 一、话语困境：一个必须直面的真实问题

今天，对任何一个城市而言，历史建筑遗产都是其最可宝贵的一种资源。利用历史建筑遗产，讲好城市故事，发展旅游观光业，彰显城市文化底蕴、特色和魅力，已成为今天城市打造自身竞争力、实现高质量发展的基本手段。

长春建城迄今200余年，在中华人民共和国成立之前，历经晚清、北洋、伪满和民国等不同历史阶段，是各方政治势力先后盘踞并激烈角逐的战略要津，留下了具有丰富价值内涵的一大批重大史迹和近现代历史代表性建筑。但长期以来，在围绕这些遗产资源进行城市形象建构和宣传推广时，我们一直面临着纠结和尴尬，或者说严重的“话语困境”：只要提及长春历史，除了对日伪罪恶的批判揭露之外，几乎无话可说、乏善可陈，似乎既没有传统文化的底蕴，又缺乏红色文化的底气。这种城市历史文化宣传的“内容贫困”和“表达尴尬”，是我们在讲好城市故事、服务长春发展时无法回避的一个真实问题。

这种“话语困境”是怎么形成的呢？

在过去相当长的时间内，长春的近现代历史建筑由于多种原因，并未被视为知名文物古迹而得到足够的重视和充分的保护利用，中华人民共和国成立后被人民政府接收，并作为普通物业资产分配给不同机构和单位用作办公场所。在此背景下，长春历史建筑到底具备哪些价值？既不会有人在意，更不会有人去做深入系统研究，也就是说长春对自身历史建筑价值的认知和了解几乎是一片空白，处在“日用而不知”的状态。这一时期唯一的例外，就是伪满皇宫，其在60年代初期因有中宣部指示而被用来筹办“日本帝国主义侵略陈列馆”，算是较早得到一定程度的保护性开发利用，而这也正是长春历史建筑被笼统打下“罪证”烙印的开始。

近20多年来，长春开始面临通过挖掘城市历史文化资源来塑造城市形象、提升城市文化软实力的迫切需要；同时因为旅游业的兴起，长春历史建筑作为旅游资源也开始受到重视。无论是城市文化形象的塑造，还是文旅资源的开发，都需要面向公众阐释、表述和宣传推广长春历史建筑的价值。但由于相关研究工作一直付之阙如，没有现成的相关知识储备，而伪满皇宫那一套“罪展”（即《日本帝国主义侵略罪行展》和《傀儡皇帝溥仪生平展》）

话语文本（包括展陈大纲、说明文字、游览讲解词等），以其权威性、成熟性和影响力，就成了唯一可选择且可直接套用的现成模板，从而逐渐扩展为覆盖整个长春城市历史和建筑遗产的叙事话语体系。

而这套“罪展”文本所代表的话语方式，最初的功能设计目的十分明确和单一，就是通过揭露批判日伪罪恶以激发观众对侵略者的愤恨和爱国热情，而无须考虑建筑物的其他价值；为了揭露日本的“罪恶”和伪政权的“可怜相”，从史料取舍到遣词造句都采取了最大限度的配合。

这套以“罪恶”“伪政权”“走狗”“傀儡”等高频词为显著特征的“罪展”话语表述方式，作为爱国主义教育、国耻警示教育场合的专属话语，发挥出了重要的社会教育作用。但如果将这套表述方式当成长春城市历史文化传播的通用话语或者说标准模板，尤其是超范围应用于文旅宣传场合，就必然会给长春历史建筑价值带来明显的简化和误读：一是用 14 年的伪满史代表了长春 200 年历史。一说起长春的历史建筑，人们只会想到伪满建筑，而其他时期的历史建筑则被忽略，包括晚清建筑、中东铁路建筑、民国建筑、中华人民共和国初期建筑等等。二是国耻教育的价值成了唯一被强调的建筑可利用价值，其他价值只要无助于佐证日伪罪恶，则统统被忽略不计。众多历史建筑作为红色革命建设见证、作为中国近代化工业化见证的重大历史价值都被视而不见，更遑论文物价值、科学价值、艺术价值等其他价值。

这一基于建筑之“罪证”价值属性的“罪展”话语方式体系，在本质上暗含着对长春历史建筑其他丰富价值的轻视和无视，因此必然与今天城市文化宣传的目的发生冲突，这就是长春城市人文历史表达的“尴尬”处境。一方面，城市历史文化宣传的终极目的是增强城市魅力，吸引更多的外来游客喜欢长春，激励市民对城市的历史荣誉感和文化自信心；但另一方面，“罪展”话语方式带来的耻辱记忆强化，又在不断制造出公众对长春城市历史和建筑遗产的疏离感、羞耻感甚至厌恶感。消极印象必然引发对历史建筑遗产价值的负面判断，从而削弱社会各界深入研究和挖掘长春历史建筑价值和城市历史文化内涵的热情与积极性，进一步加剧了长春历史文化传播的“内容贫乏”和“语言贫困”。

“罪展”话语方式体系造成的上述传播效果，在项目组实施的问卷调查中得到印证：受访者对长春的人文历史旅游体验，整体性感觉是“屈辱、沉

重、单调、乏味”。这种普遍的情绪体验主要来自文旅场景中的控罪式导览解说服务。同时，绝大多数受访者建议长春的历史遗址导览解说应该进一步增加信息、丰富内容，予人以知识上的获得感和愉悦性体验。

很显然，无论是内部的城市文化建设还是外部的文旅市场推广，都需要我们与时俱进地创新城市历史的表述方式，挣脱“罪展”话语方式体系的习惯性束缚，构建起“以城市魅力展示为导向”的人文历史传播话语体系，让长春摆脱话语困境、走出历史阴影，释放出自己作为国家历史文化名城应有的文化魅力与发展活力。

## 二、话语更新：四个节点的症结和转向

话语更新的关键在于坚持问题导向，找到“罪展”话语方式、表述方式的症结所在，也就等于找到了话语体系创新转换的方向所在。报告从如下四个层面进行了阐述。

一是话语空间。“罪展”话语方式体系和伪满建筑紧密相关，但伪满洲国存世仅 14 年，相对 200 多年的长春历史只是一个短暂片段。任由“罪展”话语方式覆盖和主导整个城市人文历史表达，就意味着以偏概全、以局部遮蔽整体、以伪满建筑取代长春历史建筑，将 14 年的历史阴影放大并投射到 200 多年历史上。所以今天我们的话语创新，就是要突破这种话语空间上的画地为牢和作茧自缚，将长春近现代历史完整地呈现出来，更多地把有利于展示城市魅力和加强长春人自信心的史实发掘出来，尤其是要强化红色故事讲述，以彻底摆脱 14 年耻辱记忆塑造出来的城市历史刻板印象。

二是价值侧重。“罪展”话语方式体系排他性地强调历史建筑的罪证展示价值，而遮蔽其他价值内涵的展示。这种价值侧重的话语表述，对城市历史的呈现必然是概念化的和不生动的、片面化的和不完整的，无法给受众带来认知上的获得感和满足感。而今天的城市人文传播尤其是文旅传播，目的是塑造“可信、可爱、可敬”的城市人文形象，侧重对城市历史资源中能引发公众愉悦体验的魅力元素的表达。因此，话语创新必须依托对历史建筑的全价值认知，重视对长春城市历史信息多样性和完整性的发掘，为讲好城市故事预备充足的故事素材。

三是叙事风格。“罪展”话语方式体系带有强烈的说教风格，为了实现

对特定观点、情绪和立场的单向度硬性灌输，往往在修辞上过度煽情，对历史事件进行简单化，对历史人物进行脸谱化，拒绝考察具体历史情境中事件和人的复杂性，以致无法满足公众对城市历史表达的多元化需求。因此，在这个意义上，话语表述创新的关键是要学会讲故事，注重对城市历史的丰富性和细节性的发掘，把城市历史从标签化、脸谱化和概念化的桎梏中解放出来，史料越丰富、细节越生动，长春历史人文形象就越立体鲜活，就越能得到公众的同情和理解。

四是叙事视角。视角决定叙事的出发点、侧重点和目的诉求。伪满皇宫的“罪展”最初就是秉承中宣部指示而推出的爱国主义教育展陈，所以由“罪展”文本演化而成的“罪展”话语方式体系必然采取国家视角，所有表述都服务于宏大的国家历史叙事需要，至于历史建筑对长春地方发展的价值和意义，自然不在其考量之内。因此，“罪展”话语方式最根本的症结就是缺乏关切本地发展的地方视角。而要全面准确地认知长春历史建筑价值，就必须同时兼具国家历史视角和地方历史视角。由本地发展利益驱动的地方历史视角，会更倾向于强调本地历史文化资源的丰富性、独特性，其叙事目的是尽可能展示出城市人文魅力，以增强外界对长春的好感，唤起市民对家乡历史传统的自豪感、认同感和归属感。因此，长春城市历史表达的话语更新，首要的选择就是在坚持国家视角的爱国主义立场的前提下，增强城市历史叙事的地方视角和乡土情怀。

## 三、行动建议：三个系列的创新选择

报告最后一章对长春如何构建“以城市魅力展示为导向”的历史人文传播话语体系，提出了三个系列的创新行动建议。

一是针对长期以来对城市历史的“认知空白”和话语表述的“内容贫乏”问题，建议实施一系列的“认知填空”行动。核心是强化围绕长春建筑遗产的城市历史研究，推动历史文献档案的社会化开放和利用，鼓励城市历史故事的媒体传播尤其是新媒体传播。

二是围绕城市历史话语表述的新旧转换过程，从修辞技术层面建议实施一系列的“文本更新”行动。既要“除旧”又要“布新”，在对城市历史宣传文本中的“罪展”话语方式修辞进行系统清理的同时，根据“全价值呈现”原则，编制景点导览解说和百度百科词条等重要场景的示范文本，引导话语创新。

三是把城市人文历史表达创新当成一个包括文本但超越文本的系统工程，建议实施一系列的“情境营造”行动。核心是推动城市历史建筑遗产的可触摸、可阅读、可对话，为讲好长春故事、传播城市魅力营造出一个更具开放性、亲和力和感染力的场景，推进历史建筑的城市文化 IP 化。

上述三个系列共十六条具体创新行动中，我们认为最具基础性意义的行动建议如下：

设立“东北抗战胜利纪念馆”，在抗战胜利 80 周年（2025 年）对外开放，弥补东北地区缺少纪念东北抗战胜利纪念场所的缺憾，扭转“罪展”话语方式塑造的消极心理惯性，利于长春走出“耻辱者”历史阴影，名正言顺强化抗战“胜利者”的正面姿态和积极心态，树立城市文化自信。如果能从支撑“14 年抗战”论断和彰显中国共产党中流砥柱作用的角度，让纪念馆成为国家级祀典场所，则其意义和作用更大。

成立长春人文历史学会、设置长春城市人文基金，组织、扶持、鼓励、引导以展示城市历史人文魅力为目的的学术研究、文献档案开放利用和媒体传播，激活城市人文传播的社会氛围。

编撰话语创新示范文本，坚持“全价值呈现”原则，以讲好长春故事为目标，募集专业团队，针对涉及长春历史建筑宣传的线上线下重要应用场景，撰写编制示范性文本，引导话语表述创新。

推动新民大街街区建筑遗产资源的整合开放，该街区密集了长春最优质的历史建筑，具有打造大文化 IP 的巨大潜力。如果能实现在整合基础上博物馆式的完全开放利用，必能激发长春文旅产业和城市历史文化传播生态的“核聚变”反应。这是一个所涉关系复杂、实施难度很大的巨型工程，但因为收益前景巨大，因此值得纳入城市发展中长期规划。

# 附　　录

## 附录一　长春街路公园新旧名称一览表

| 早期名称 | 1946 年 | 1949 年 | 现今名称（更名时间） |
|---|---|---|---|
| 中央通 | 中山大街 | 斯大林大街 | 人民大街（1996－5－1） |
| 大同大街 | 中正大街 | 斯大林大街 | |
| 大同公园 | 中正公园 | 人民公园 | 儿童公园（1981） |
| 顺天公园 | 民权公园 | 新民公园<br>后改称朝阳<br>公园 | 长春德苑公园<br>（2016－9） |
| 西公园（1915）<br>儿玉公园<br>（1938） | 中山公园 | 青年公园 | 胜利公园 |
| 黄龙公园 | 南郊公园 | 南湖公园 | 南湖公园 |
| 和平大街 | 民族大街 | 延安大街 | 延安大街 |
| 兴亚街 | 兴亚街 | 建设街 | 建设街 |
| 兴仁大路 | 兴仁大路 | 解放大路 | 解放大路 |
| 安民大街 | 民生大路 | 工农大路 | 工农大路 |
| 顺天大街 | 民权大路 | 新民大街 | 新民大路 |
| 五色街 | 五强街 | 牡丹街 | 牡丹街 |
| 五色胡同 | 五强胡同 | 牡丹胡同 | 牡丹胡同 |
| 建国路 | 建国路 | 建政路 | 建政路 |
| 安民北胡同 | 民生北胡同 | 工农北胡同 | 工农北胡同 |
| 北中通大街 | 北中山街 | 北山街 | 北山街 |

续表

| 早期名称 | 1946 年 | 1949 年 | 现今名称(更名时间) |
|---|---|---|---|
| 住吉町 | 忠孝路 | 忠孝路 | 铁北一路 |
| 高沙町 | 仁爱路 | 仁爱路 | 铁北二路 |
| 尾上町 | 信义路 | 信义路 | 铁北三路 |
| 春日町 | 和平路 | 和平路 | 铁北四路 |
| 大同广场 | 中正广场 | 人民广场 | 人民广场 |
| 安民广场 | 民权广场 | 新民广场 | 新民广场 |
| 建国广场 | 民生广场 | 工农广场 | 工农广场 |
| 盛京广场 | 民族广场 | 南湖广场 | 南湖广场 |
| 立法胡同 | 立法胡同 | 公正胡同 | 公正胡同 |
| 立法南胡同 | 立法南胡同 | 公正南胡同 | 公正南胡同 |
| 监狱胡同 | 监狱胡同 | 法治胡同 | 法治胡同 |
| 燕春茶园胡同 | 燕春茶园胡同 | 燕春胡同 | 燕春胡同 |
| 圣庙胡同 | 圣庙胡同 | 人民胡同 | 人民胡同 |
| 无电台街 | 无电台街 | 电台街 | 电台街 |
| 孔圣祠后胡同 | 孔圣祠后胡同 | 后胡同 | 后胡同 |
| 兴运路 | 兴运路 | 重光街 | 重光街 |
| 呼伦路 | 呼伦路 | 团结路 | 团结路 |
| 中正胡同 | 中正胡同 | 兴业胡同 | 兴业胡同 |
| 关帝庙大路 | 关帝庙大路 | 民立街 | 民立街 |
| 春巷街 | 春巷街 | 新风街 | 新风街 |
| 不夜路 | 不夜路 | 新生路 | 新生路 |
| 明伦街 | 明伦街 | 文化街 | 文化街 |
| 城隍庙胡同 | 城隍庙胡同 | 成城胡同 | 成城胡同 |
| 奉化街 | 奉化街 | 南平街 | 南平街 |

续表

| 早期名称 | 1946 年 | 1949 年 | 现今名称(更名时间) |
|---|---|---|---|
| 卿云街 | 卿云街 | 青云街 | 青云街 |
| 英国医院胡同 | 英国医院胡同 | 医院胡同 | 医院胡同 |
| 中国银行胡同 | 中国银行胡同 | 前进胡同 | 前进胡同 |
| 兴安大路 | 兴安大路 | 兴安大路 | 西安大路 |
| 兴安广场 | 兴安广场 | 兴安广场 | 西安广场 |
| 洪熙街 | 洪熙街 | 洪熙街 | 红旗街 |

| 早期名称 | 1946 年后 | 早期名称 | 1946 年后 | 早期名称 | 1946 年后 |
|---|---|---|---|---|---|
| 秋林街 | 一匡街 | 日本桥通 | 胜利大街 | 山吹町 | 蔷薇路 |
| 巴栅街 | 二酉街 | 敷岛通 | 汉口街 | 菊水町 | 崇文路 |
| 三辅街 | 三辅街 | 大和通 | 南京大街 | 樟木町 | 青松街 |
| 军用路 | 凯旋路 | 八岛通 | 北平大路 | 花园町 | 花园街 |
| 朝日通 | 上海路 | 芙蓉町 | 芙蓉路 | 菖蒲町 | 梅花鹿 |
| 东一条通至东八条通 | 东一条街至东八条街 | 樱木町 | 百合街 | 蓬莱町 | 合江路 |
| 西一条通至西五条通 | 西一条街至西五条街 | 北一至北十条通 | 北一至北十条街 | 锦町 | 永吉路 |
| 日出町 | 长白路 | 水仙町 | 水仙路 | 平安町 | 松江路 |
| 振武町 | 振武路 | 菊水町 | 崇文路 | 常盘町 | 龙江路 |
| 结梗町 | 海棠路 | 府后路 | 呼伦路 | 天道街 | 衡阳街 |
| 千草町 | 春郊路 | 千鸟町 | 嫩江路 | 宝清路 | 桂林街 |
| 柏木町 | 翠竹街 | 同治街 | 同志街 | 天佑街 | 开封街 |
| 白菊町 | 白菊路 | 大亚街 | 贵阳街 | 盛京大路 | 南湖大路 |
| 富士町 | 黑水路 | 东顺治路 | 东中华路 | 黄龙路 | 徐州路 |
| 三笠町 | 黄河路 | 西顺治路 | 西中华路 | 东高台路 | 台儿庄路 |

续表

| 早期名称 | 1946 年后 | 早期名称 | 1946 年后 | 早期名称 | 1946 年后 |
| --- | --- | --- | --- | --- | --- |
| 羽衣町 | 辽北路 | 盛京大路 | 南湖大路 | 协和大路 | 复兴大路 |
| 吉野町 | 长江路 | 至圣大路 | 自由大路 | 永吉街 | 吉顺街 |
| 曙町 | 吴淞路 | 乐土街 | 乐群街 | 西阳大街 | 太原大街 |
| 入船町 | 宁波路 | 开元街 | 青海街 | 金辉路 | 西康路 |
| 梅枝町 | 厦门路 | 成后路 | 新华路 | 重光街 | 光明街 |
| 永乐町 | 广州路 | 东万寿大街 | 东民主大街 | 天庆路 | 普庆路 |
| 老松町 | 香港路 | 西万寿大街 | 西民主大街 | 共荣路 | 光荣路 |
| 祝町 | 珠江路 | 天福街 | 昆明街 | 天光路 | 西安路 |
| 室町 | 天津路 | 天安路 | 民安路 | 元寿路 | 南昌路 |
| 浪速町 | 芷江路 | 天宝街 | 万宝街 | 映画街 | 影城街 |
| 弥生町 | 青岛路 | 龙门街 | 新疆街 | 丰乐路 | 重庆路 |
| 和泉町 | 辽宁路 | 神泉路 | 清华路 | 大马路 | 大马路 |
| 露月町 | 安东路 | 南岭同仁乡 | 敬业街 | | |

# 附录二　长春市历史建筑国家、省、市保护单位一览表

| 级别 | 序号 | 名称 | | 年代（时期） | 地址 | 批次 | 公布时间 |
|---|---|---|---|---|---|---|---|
| 全国重点文物保护单位 | 1 | 农安辽塔 | | 辽代 | 长春市农安县黄龙路与宝塔街交会处 | 七 | 2013－3－5 |
| | 2 | 吉长道尹公署旧址 | | 清代 | 长春市南关区亚泰大街669号 | 七 | 2013－3－5 |
| | 3 | 中东铁路建筑群 | | 清代至民国 | 长春市宽城区、德惠市、公主岭市 | 六 | 2013—2019 |
| | 4 | 伪满皇宫及日伪军政机构旧址 | 伪满洲国皇宫旧址 | 民国 | 长春市宽城区光复北路5号 | 七 | 2013－3－5 |
| | | | 侵华日军关东军司令部旧址 | 民国 | 长春市宽城区新发路577号 | 七 | 2013－3－5 |
| | | | 侵华日军关东宪兵队司令部旧址 | 民国 | 长春市宽城区新发路329号 | 七 | 2013－3－5 |
| | | | 伪满洲国国务院旧址 | 民国 | 长春市朝阳区新民大街126号 | 七 | 2013－3－5 |
| | | | 伪满洲国军事部旧址 | 民国 | 长春市朝阳区新民大街71号 | 七 | 2013－3－5 |
| | | | 伪满洲国司法部旧址 | 民国 | 长春市朝阳区新民大街828号 | 七 | 2013－3－5 |
| | | | 伪满洲国民生部旧址 | 民国 | 长春市朝阳区人民大街3623号 | 七 | 2013－3－5 |
| | | | 伪满洲国综合法衙旧址 | 民国 | 长春市朝阳区自由大路108号 | 七 | 2013－3－5 |

**续表**

| 级别 | 序号 | 名称 | 年代（时期） | 地址 | 批次 | 公布时间 |
|---|---|---|---|---|---|---|
| 全国重点文物保护单位 |  | 伪满洲国经济部旧址 | 民国 | 长春市朝阳区新民大街 829 号 | 七 | 2013－3－5 |
|  |  | 伪满洲国交通部旧址 | 民国 | 长春市朝阳区新民大街 1163 号 | 七 | 2013－3－5 |
|  |  | 伪满洲国外交部旧址 | 民国 | 长春市朝阳区建设街 1122 号 | 七 | 2013－3－5 |
|  | 5 | 伪满洲国中央银行旧址 | 民国 | 长春市朝阳区人民大街 2219 号 | 七 | 2013－3－5 |
|  | 6 | 长春电影制片厂早期建筑（满洲映画协会旧址） | 民国 | 长春市朝阳区红旗街 1118 号 | 七 | 2013－3－5 |
|  | 7 | 侵华日军第一〇〇部队遗址 | 民国 | 长春市绿园区西环城路 8211 号 | 八 | 2019－10－7 |
|  | 8 | 伪满建国忠灵庙旧址 | 民国 | 长春市朝阳区南湖街道长飞社区 | 八 | 2019－10－7 |
|  | 9 | 长春第一汽车制造厂早期建筑 | 中华人民共和国 | 长春市东风大街 2259 号 | 七 | 2013－3－5 |
| 省级文物保护单位 | 1 | 长春清真寺 | 清代 | 长春市长通路北侧清真寺胡同 | 四 | 1987－10－24 |
|  | 2 | 长春文庙 | 清代 | 长春市亚泰大街与东天街交会处 | 四 | 1987－10－24 |
|  | 3 | 贡江碑 | 清代 | 德惠市朝阳乡朱家坨子村 | 五 | 1999－2－26 |
|  | 4 | 蜂蜜清真寺 | 清代 | 九台市胡家乡蜂蜜村 | 七 | 2014－8－28 |
|  | 5 | 伪满首都警察厅旧址 | 民国 | 长春市朝阳区人民大街 2627 号 | 六 | 2007－5－31 |

续表

| 级别 | 序号 | 名称 | 年代（时期） | 地址 | 批次 | 公布时间 |
|---|---|---|---|---|---|---|
| 省级文物保护单位 | 6 | 天兴福火磨旧址 | 民国 | 长春市东八条5号 | 七 | 2014－8－28 |
| | 7 | 福顺厚火磨旧址 | 民国 | 长春市长白路3号 | 七 | 2014－8－28 |
| | 8 | 伪满国民勤劳部旧址 | 民国 | 长春市人民大街3758号 | 七 | 2014－8－28 |
| | 9 | 伪满国务总理大臣官邸 | 民国 | 长春市西民主大街429号 | 七 | 2014－8－28 |
| | 10 | 东本愿寺旧址 | 民国 | 长春市北安路735号 | 七 | 2014－8－28 |
| | 11 | 溥仪地下避难所旧址 | 民国 | 长春市东民主大街 | 七 | 2014－8－28 |
| | 12 | 苏军烈士纪念塔 | 民国 | 长春市人民广场 | 一 | 1961－4－13 |
| | 13 | 长春地质宫 | 民国 | 长春市西民主大街6号 | 七 | 2014－8－28 |
| | 14 | 神武殿旧址 | 民国 | 长春市立信街6号 | 七 | 2014－8－28 |
| | 15 | 长春解放纪念碑 | 中华人民共和国 | 长春市南湖公园 | 七 | 2014－8－28 |
| | 16 | 吉林柴油机厂老家属区 | 中华人民共和国 | 长春市东盛大街 | 七 | 2014－8－28 |
| | 17 | 吉林大学理化楼 | 中华人民共和国 | 长春市解放大路2519号 | 七 | 2014－8－28 |
| | 18 | 长春市体育馆 | 中华人民共和国 | 长春市人民大街2999号 | 七 | 2014－8－28 |
| | 19 | 吉林省图书馆旧址 | 中华人民共和国 | 长春市新民大街1162号 | 七 | 2014－8－28 |
| | 20 | 南湖宾馆建筑群 | 中华人民共和国 | 长春市南湖大路3798号 | 七 | 2014－8－28 |
| | 21 | 中国科学院长春应用化学研究所主楼 | 中华人民共和国 | 长春市朝阳区人民大街5625号 | 七 | 2014－8－28 |
| | 22 | 吉林农业大学主楼 | 中华人民共和国 | 长春市南关区新城大街2888号 | 七 | 2014－8－28 |

续表

| 级别 | 序号 | 名称 | 年代（时期） | 地址 | 批次 | 公布时间 |
|---|---|---|---|---|---|---|
| 市级文物保护单位 | 1 | 沙俄侵略军炮台遗址 | 清代 | 农安县青山口乡青山口村 | 三 | 1984－4－18 |
| | 2 | 李家围子 | 清代 | 九台市围子沟乡头道嘴子村 | 三 | 1984－4－18 |
| | 3 | 沙俄领事馆旧址 | 清代 | 长春市长通路12－16号 | 六 | 1994－1－20 |
| | 4 | 长春厅遗址 | 清代 | 长春市新立城镇卫星村新立城屯 | 六 | 1994－1－20 |
| | 5 | 北山灵岩阁旧址 | 清代 | 长春市双阳区双阳镇北山 | 六 | 1994－1－20 |
| | 6 | 秀水娘娘庙旧址 | 清代 | 榆树市秀水镇中心校 | 七 | 2002－7－8 |
| | 7 | 二道沟邮局中共地下党活动旧址 | 清代 | 长春市一心街12号 | 七 | 2002－7－8 |
| | 8 | 裕昌源旧址 | 清代 | 长春市东八条2号 | 七 | 2002－7－8 |
| | 9 | 大营子清真寺 | 清代 | 长春市双阳区双营子回族自治乡大营子村 | 七 | 2002－7－8 |
| | 10 | 亚乔辛制粉厂旧址 | 清代 | 长春市机车厂院内 | 八 | 2011－12－6 |
| | 11 | 前央清真寺 | 清代 | 九台市沐石河镇齐家村 | 八 | 2011－12－6 |
| | 12 | 养正书院遗址 | 清代 | 长春市长春大街1151号 | 八 | 2011－12－6 |
| | 13 | 中央通邮便局旧址 | 清代 | 长春市人民大街18号 | 七 | 2002－7－8 |
| | 14 | 大和旅馆（中共地下党活动）旧址 | 清代 | 长春市人民大街80号 | 四 | 1985－12－18 |

续表

| 级别 | 序号 | 名称 | 年代（时期） | 地址 | 批次 | 公布时间 |
|---|---|---|---|---|---|---|
| 市级文物保护单位 | 15 | 天主教堂 | 清代 | 长春市东四道街106号 | 七 | 2002-7-8 |
| | 16 | “新京神社”旧址 | 民国 | 长春市人民大街619号 | 三 | 1984-4-18 |
| | 17 | 伪满放送局旧址 | 民国 | 长春市人民大街2599号 | 三 | 1984-4-18 |
| | 18 | 康德会馆旧址 | 民国 | 长春市人民大街75号 | 三 | 1984-4-18 |
| | 19 | 歼灭国民党88师战役纪念地 | 民国 | 德惠市郭家乡郭家屯、姜家屯等 | 三 | 1984-4-18 |
| | 20 | 万宝山事件遗址 | 民国 | 德惠市万宝乡、三胜乡 | 三 | 1984-4-18 |
| | 21 | 般若寺 | 民国 | 长春市长春大街137号 | 四 | 1985-12-18 |
| | 22 | 伪满兴农部旧址 | 民国 | 长春市自由大路506号 | 六 | 1994-1-20 |
| | 23 | 日本关东军空军司令部旧址 | 民国 | 长春市西安大路248号 | 六 | 1994-1-20 |
| | 24 | 伪满协和会中央本部旧址 | 民国 | 长春市人民大街2836号 | 六 | 1994-1-20 |
| | 25 | 伪满洲中央银行俱乐部旧址 | 民国 | 长春市新华路458号 | 六 | 1994-1-20 |
| | 26 | 伪满大陆科学院旧址 | 民国 | 长春市人民大街5625号 | 六 | 1994-1-20 |
| | 27 | 横滨正金银行长春支行旧址 | 民国 | 长春市胜利大街5772号 | 六 | 1994-1-20 |
| | 28 | 海上会馆旧址 | 民国 | 长春市人民大街1810号 | 六 | 1994-1-20 |

**续表**

| 级别 | 序号 | 名称 | 年代（时期） | 地址 | 批次 | 公布时间 |
|---|---|---|---|---|---|---|
| 市级文物保护单位 | 29 | 宝山洋行旧址 | 民国 | 长春市新发路1号 | 六 | 1994－1－20 |
| | 30 | 秋林洋行旧址 | 民国 | 长春市长江路42号 | 六 | 1994－1－20 |
| | 31 | 道德会旧址 | 民国 | 长春市东三马路49号 | 六 | 1994－1－20 |
| | 32 | 伪满文教部旧址 | 民国 | 长春市自由大路696号 | 三 | 1984－4－18 |
| | 33 | 西广场水塔 | 民国 | 长春市西广场南侧 | 七 | 2002－7－8 |
| | 34 | 伪满南岭净水厂旧址 | 民国 | 长春市亚泰大街7398号 | 七 | 2002－7－8 |
| | 35 | 伪满国务院总务厅弘报处旧址 | 民国 | 长春市人民大街41号 | 七 | 2002－7－8 |
| | 36 | 千早医院旧址 | 民国 | 长春市西安大路3559号 | 七 | 2002－7－8 |
| | 37 | 地藏寺 | 民国 | 长春市长春大街2555号 | 七 | 2002－7－8 |
| | 38 | 国都饭店旧址 | 民国 | 长春市重庆路87号 | 七 | 2002－7－8 |
| | 39 | 丰乐剧场旧址 | 民国 | 长春市重庆路991号 | 七 | 2002－7－8 |
| | 40 | 鼎丰真 | 民国 | 长春市大马路40－1号 | 七 | 2002－7－8 |
| | 41 | 伪满炭矿株式会社旧址 | 民国 | 长春市解放大路117号 | 七 | 2002－7－8 |
| | 42 | 大马路伪满中央银行旧址 | 民国 | 长春市大马路1465号 | 七 | 2002－7－8 |

续表

| 级别 | 序号 | 名称 | 年代（时期） | 地址 | 批次 | 公布时间 |
|---|---|---|---|---|---|---|
| 市级文物保护单位 | 43 | 满铁图书馆旧址 | 民国 | 长春市人民大街650号 | 八 | 2011－12－6 |
| | 44 | 泰发和百货店旧址 | 民国 | 长春市大马路697号 | 八 | 2011－12－6 |
| | 45 | 日本毛织会社旧址 | 民国 | 长春市人民大街1699号 | 八 | 2011－12－6 |
| | 46 | 大兴公司和兴业银行旧址 | 民国 | 长春市人民大街1486号 | 八 | 2011－12－6 |
| | 47 | 满铁综合事务所旧址 | 民国 | 长春市人民大街81号 | 八 | 2011－12－6 |
| | 48 | 伪满国防会馆旧址 | 民国 | 长春市人民大街1199号 | 八 | 2011－12－6 |
| | 49 | 东洋拓殖株式会社旧址 | 民国 | 长春市人民大街2080号 | 八 | 2011－12－6 |
| | 50 | 伪满纪念公会堂旧址 | 民国 | 长春市长江路581号 | 八 | 2011－12－6 |
| | 51 | 伪满地政管理局旧址 | 民国 | 长春市长春大街797号 | 八 | 2011－12－6 |
| | 52 | “新京博物馆”旧址 | 民国 | 长春市长春大街496号 | 八 | 2011－12－6 |
| | 53 | 国泰电影院旧址 | 民国 | 长春市东五马路48号 | 八 | 2011－12－6 |
| | 54 | 永春街邮局旧址 | 民国 | 长春市永春路71号 | 八 | 2011－12－6 |
| | 55 | 伪满开拓总局旧址 | 民国 | 长春市自由大路509号 | 八 | 2011－12－6 |
| | 56 | “新京顺天警察署”旧址 | 民国 | 长春市解放大路2568号 | 八 | 2011－12－6 |
| | 57 | 伪满铁路俱乐部旧址 | 民国 | 长春市汉口大街562号 | 八 | 2011－12－6 |

**续表**

| 级别 | 序号 | 名称 | 年代（时期） | 地址 | 批次 | 公布时间 |
| --- | --- | --- | --- | --- | --- | --- |
| 市级文物保护单位 | 58 | 伪满新京银行旧址 | 民国 | 长春市黄河路556号 | 八 | 2011－12－6 |
| | 59 | 关东军西大营旧址 | 民国 | 长春市芙蓉路225号 | 八 | 2011－12－6 |
| | 60 | 八岛小学校旧址 | 民国 | 长春市东二条街923号 | 八 | 2011－12－6 |
| | 61 | 郭宗熙旧宅 | 民国 | 长春市天津路3号 | 八 | 2011－12－6 |
| | 62 | 东北人民解放军第一前线指挥所旧址 | 民国 | 二道区劝农乡同心村李家屯12号 | 八 | 2011－12－6 |
| | 63 | 省立第二师范学校中共地下党活动遗址 | 民国 | 长春市解放大路1777号 | 八 | 2011－12－6 |
| | 64 | 日军南岭地下司令所遗址 | 民国 | 长春市幸福街副26号 | 八 | 2011－12－6 |
| | 65 | 长春地址学院“鸽子楼”旧址 | 中华人民共和国 | 长春市建设街79号 | 八 | 2011－12－6 |
| | 66 | 吉林省宾馆 | 中华人民共和国 | 长春市人民大街2598号 | 八 | 2011－12－6 |
| | 67 | 工人文化宫 | 中华人民共和国 | 长春市人民大街2302号 | 八 | 2011－12－6 |
| | 68 | 方华烈士纪念碑 | 中华人民共和国 | 长春市胜利公园内 | 八 | 2011－12－6 |

# 附录三　长春市规划和自然资源局公布历史建筑一览表

| 序号 | 名称 | 年代 | 批次 | 公布(公示)时间 |
|---|---|---|---|---|
| 1 | 亚乔辛制粉厂旧址 | 清代 | 一 | 2008－9 |
| 2 | 沙俄兵营旧址 | 清代 | 一 | 2008－9 |
| 3 | 二道沟邮局中共地下党活动旧址 | 清代 | 一 | 2008－9 |
| 4 | 中东铁路将校营旧址 | 清代 | 一 | 2008－9 |
| 5 | 裕昌源旧址 | 清代 | 一 | 2008－9 |
| 6 | 长春清真寺 | 清代 | 一 | 2008－9 |
| 7 | 吉长道尹公署旧址 | 清代 | 一 | 2008－9 |
| 8 | 天主教堂 | 清代 | 一 | 2008－9 |
| 9 | 长春文庙 | 清代 | 一 | 2008－9 |
| 10 | 大佛寺 | 清代 | 一 | 2008－9 |
| 11 | 大和旅馆(中共地下党活动)旧址 | 清代 | 一 | 2008－9 |
| 12 | 中央通邮便局旧址 | 清代 | 一 | 2008－9 |
| 13 | 汉口大街163号建筑 | 清代 | 三 | 2020－12 |
| 14 | 一间堡站护路军哨所旧址 | 清代 | 三 | 2020－12 |
| 15 | 中东铁路宽城子火车站俱乐部旧址 | 民国 | 一 | 2008－9 |
| 16 | 沙俄领事馆旧址 | 民国 | 一 | 2008－9 |
| 17 | 天兴福火磨旧址 | 民国 | 一 | 2008－9 |
| 18 | 福顺厚火磨旧址 | 民国 | 一 | 2008－9 |
| 19 | 侵华日军第一〇〇部队遗址 | 民国 | 一 | 2008－9 |
| 20 | 伪满外交部旧址 | 民国 | 一 | 2008－9 |

**续表**

| 序号 | 名称 | 年代 | 批次 | 公布(公示)时间 |
|---|---|---|---|---|
| 21 | 伪满国务总理大臣官邸旧址 | 民国 | 一 | 2008－9 |
| 22 | 伪满洲中央银行俱乐部旧址 | 民国 | 一 | 2008－9 |
| 23 | 东本愿寺旧址 | 民国 | 一 | 2008－9 |
| 24 | 康德会馆旧址 | 民国 | 一 | 2008－9 |
| 25 | 国都饭店旧址 | 民国 | 一 | 2008－9 |
| 26 | 丰乐剧场旧址 | 民国 | 一 | 2008－9 |
| 27 | 伪满洲中央银行旧址 | 民国 | 一 | 2008－9 |
| 28 | 伪满电信电话株式会社旧址 | 民国 | 一 | 2008－9 |
| 29 | 伪满放送局旧址 | 民国 | 一 | 2008－9 |
| 30 | 苏军烈士纪念塔 | 民国 | 一 | 2008－9 |
| 31 | 伪满首都警察厅旧址 | 民国 | 一 | 2008－9 |
| 32 | 伪满碳矿株式会社旧址 | 民国 | 一 | 2008－9 |
| 33 | 神武殿旧址 | 民国 | 一 | 2008－9 |
| 34 | 伪满民生部旧址 | 民国 | 一 | 2008－9 |
| 35 | 伪满军事部旧址 | 民国 | 一 | 2008－9 |
| 36 | 伪满国务院旧址 | 民国 | 一 | 2008－9 |
| 37 | 伪满经济部旧址 | 民国 | 一 | 2008－9 |
| 38 | 伪满司法部旧址 | 民国 | 一 | 2008－9 |
| 39 | 伪满交通部旧址 | 民国 | 一 | 2008－9 |
| 40 | 伪满综合法衙旧址 | 民国 | 一 | 2008－9 |
| 41 | 伪满兴农部旧址 | 民国 | 一 | 2008－9 |
| 42 | 伪满文教部旧址 | 民国 | 一 | 2008－9 |
| 43 | 长春电影制片厂早期建筑(满洲映画协会旧址) | 民国 | 一 | 2008－9 |

续表

| 序号 | 名称 | 年代 | 批次 | 公布（公示）时间 |
|---|---|---|---|---|
| 44 | 伪满大陆科学院旧址 | 民国 | 一 | 2008－9 |
| 45 | 伪满建国忠灵庙旧址 | 民国 | 一 | 2008－9 |
| 46 | 日本毛织株式会社旧址 | 民国 | 一 | 2008－9 |
| 47 | 白菊会馆旧址 | 民国 | 一 | 2008－9 |
| 48 | 伪满土地开发株式会社旧址 | 民国 | 一 | 2008－9 |
| 49 | 横滨正金银行长春支行旧址 | 民国 | 一 | 2008－9 |
| 50 | 西广场水塔 | 民国 | 一 | 2008－9 |
| 51 | 西广场水塔（东南） | 民国 | 一 | 2008－9 |
| 52 | 伪满国务院总务厅弘报处旧址 | 民国 | 一 | 2008－9 |
| 53 | “新京神社”旧址 | 民国 | 一 | 2008－9 |
| 54 | 日本关东军司令官官邸旧址 | 民国 | 一 | 2008－9 |
| 55 | 日本关东军司令部旧址 | 民国 | 一 | 2008－9 |
| 56 | 日本关东宪兵司令部旧址 | 民国 | 一 | 2008－9 |
| 57 | 宝山洋行旧址 | 民国 | 一 | 2008－9 |
| 58 | “满铁新京支社”旧址 | 民国 | 一 | 2008－9 |
| 59 | 伪满国防妇人会总会旧址 | 民国 | 一 | 2008－9 |
| 60 | 关东军司令部附属用房旧址 | 民国 | 一 | 2008－9 |
| 61 | 满铁图书馆旧址 | 民国 | 一 | 2008－9 |
| 62 | 关东军西大营旧址 | 民国 | 一 | 2008－9 |
| 63 | 关东军步兵营房旧址 | 民国 | 一 | 2008－9 |
| 64 | 伪满洲国皇宫旧址 | 民国 | 一 | 2008－9 |
| 65 | 海上会馆旧址 | 民国 | 一 | 2008－9 |
| 66 | 般若寺 | 民国 | 一 | 2008－9 |

续表

| 序号 | 名称 | 年代 | 批次 | 公布（公示）时间 |
| --- | --- | --- | --- | --- |
| 67 | 伪满协和会中央本部旧址 | 民国 | 一 | 2008－9 |
| 68 | 鼎丰真 | 民国 | 一 | 2008－9 |
| 69 | 地藏寺 | 民国 | 一 | 2008－9 |
| 70 | 大马路伪满中央银行旧址（原吉林省永衡官银钱号长春分号） | 民国 | 一 | 2008－9 |
| 71 | 伪满南岭净水厂旧址 | 民国 | 一 | 2008－9 |
| 72 | 伪满国民勤劳部旧址 | 民国 | 一 | 2008－9 |
| 73 | 老宽城子居民特色保护区 | 民国 | 一 | 2008－9 |
| 74 | 商埠地传统商业特色保护区 | 民国 | 一 | 2008－9 |
| 75 | 大兴公司和兴业银行旧址 | 民国 | 一 | 2008－9 |
| 76 | “京都大厦”旧址 | 民国 | 一 | 2008－9 |
| 77 | 伪满中央气象台旧址 | 民国 | 一 | 2008－9 |
| 78 | “新京法政大学”旧址 | 民国 | 一 | 2008－9 |
| 79 | 泰发合百货店旧址 | 民国 | 一 | 2008－9 |
| 80 | 东洋拓殖株式会社旧址 | 民国 | 一 | 2008－9 |
| 81 | “新京特别市立医院”旧址 | 民国 | 一 | 2008－9 |
| 82 | 千早医院旧址 | 民国 | 一 | 2008－9 |
| 83 | “新京一中”旧址 | 民国 | 一 | 2008－9 |
| 84 | 中共长春市委办公楼 | 民国 | 一 | 2008－9 |
| 85 | 东天街 1 号 | 民国 | 二 | 2016－7－15 |
| 86 | 柳明街 25 号 | 民国 | 二 | 2016－7－15 |
| 87 | 兴盛路 10 号 | 民国 | 二 | 2016－7－15 |
| 88 | 大马路 637 号 | 民国 | 二 | 2016－7－15 |
| 89 | 大马路 625 号 | 民国 | 二 | 2016－7－15 |

续表

| 序号 | 名称 | 年代 | 批次 | 公布(公示)时间 |
|---|---|---|---|---|
| 90 | 大马路637号后侧 | 民国 | 二 | 2016-7-15 |
| 91 | 永春路117、125、133、139、145号 | 民国 | 二 | 2016-7-15 |
| 92 | 近埠胡同21、23、27、33号 | 民国 | 二 | 2016-7-15 |
| 93 | 新发路北胡同 | 民国 | 二 | 2016-7-15 |
| 94 | 光耀胡同2号 | 民国 | 二 | 2016-7-15 |
| 95 | 广厦胡同1号 | 民国 | 二 | 2016-7-15 |
| 96 | 广厦胡同2号 | 民国 | 二 | 2016-7-15 |
| 97 | 宁波路南胡同1号 | 民国 | 二 | 2016-7-15 |
| 98 | 宁波路南胡同2号 | 民国 | 二 | 2016-7-15 |
| 99 | 宁波路南胡同3号 | 民国 | 二 | 2016-7-15 |
| 100 | 厦门路1号 | 民国 | 二 | 2016-7-15 |
| 101 | 宁波路南胡同4号 | 民国 | 二 | 2016-7-15 |
| 102 | 宁波路1号 | 民国 | 二 | 2016-7-15 |
| 103 | 光耀胡同1号 | 民国 | 二 | 2016-7-15 |
| 104 | 中正朗悦商务宾馆 | 民国 | 二 | 2016-7-15 |
| 105 | 黄河路510号 | 民国 | 二 | 2016-7-15 |
| 106 | 黄河路520、526号 | 民国 | 二 | 2016-7-15 |
| 107 | 长江路1号 | 民国 | 二 | 2016-7-15 |
| 108 | 黑水路584号 | 民国 | 二 | 2016-7-15 |
| 109 | 黑水路584号东侧 | 民国 | 二 | 2016-7-15 |
| 110 | 胜利大街596号北侧 | 民国 | 二 | 2016-7-15 |
| 111 | 胜利大街596号 | 民国 | 二 | 2016-7-15 |
| 112 | 胜利大街931、937、949、959号 | 民国 | 二 | 2016-7-15 |

续表

| 序号 | 名称 | 年代 | 批次 | 公布(公示)时间 |
|---|---|---|---|---|
| 113 | 胜利大街1198、1196、1186、1182、1178、1172、1168、1166、1162号 | 民国 | 二 | 2016-7-15 |
| 114 | 胜利大街1215、1221号 | 民国 | 二 | 2016-7-15 |
| 115 | 人民大街347号 | 民国 | 二 | 2016-7-15 |
| 116 | 人民大街355、351、347号 | 民国 | 二 | 2016-7-15 |
| 117 | 人民大街387、385、379、375、369、365号 | 民国 | 二 | 2016-7-15 |
| 118 | 人民大街497、491、477号 | 民国 | 二 | 2016-7-15 |
| 119 | 人民大街545、539、533、527号 | 民国 | 二 | 2016-7-15 |
| 120 | 人民大街687、719、723号 | 民国 | 二 | 2016-7-15 |
| 121 | 龙嫩路胡同1号 | 民国 | 二 | 2016-7-15 |
| 122 | 人民大街566、568、574、582号 | 民国 | 二 | 2016-7-15 |
| 123 | 人民大街588、590、592、612号 | 民国 | 二 | 2016-7-15 |
| 124 | 人民大街706号 | 民国 | 二 | 2016-7-15 |
| 125 | 人民大街710、718、720号 | 民国 | 二 | 2016-7-15 |
| 126 | 塘沽胡同9号 | 民国 | 二 | 2016-7-15 |
| 127 | 人民大街726、730、736号 | 民国 | 二 | 2016-7-15 |
| 128 | 人民大街744、748、752号 | 民国 | 二 | 2016-7-15 |
| 129 | 人民大街766、778,青岛路19、37号 | 民国 | 二 | 2016-7-15 |
| 130 | 长江路市场胡同1号 | 民国 | 二 | 2016-7-15 |
| 131 | 胜利大街297、305号 | 民国 | 二 | 2016-7-15 |
| 132 | 胜利大街359、365、367、371号 | 民国 | 二 | 2016-7-15 |
| 133 | 春草路68号 | 民国 | 二 | 2016-7-15 |
| 134 | 永丰胡同1号 | 民国 | 二 | 2016-7-15 |
| 135 | 永丰胡同2号 | 民国 | 二 | 2016-7-15 |

续表

| 序号 | 名称 | 年代 | 批次 | 公布（公示）时间 |
|---|---|---|---|---|
| 136 | 吉林省国际建筑工程检测有限责任公司 | 民国 | 二 | 2016－7－15 |
| 137 | 人民大街550号 | 民国 | 二 | 2016－7－15 |
| 138 | 亚泰大街5717号 | 民国 | 二 | 2016－7－15 |
| 139 | 长春市结核病院旧址 | 民国 | 一 | 2016－7－15 |
| 140 | “满洲特产中央会”办公楼旧址 | 民国 | 三 | 2020－12 |
| 141 | 泰国驻伪满洲国公使馆旧址 | 民国 | 三 | 2020－12 |
| 142 | 吉林大学基础医学实验教学中心附属楼 | 民国 | 三 | 2020－12 |
| 143 | 王大珩故居 | 民国 | 三 | 2020－12 |
| 144 | 伪满新京邮局官舍旧址 | 民国 | 三 | 2020－12 |
| 145 | “新京药品株式会社”旧址 | 民国 | 三 | 2020－12 |
| 146 | 第二合同学校旧址 | 民国 | 三 | 2020－12 |
| 147 | 呼伦路151、155、159号建筑 | 民国 | 三 | 2020－12 |
| 148 | 满铁附属地加油站旧址 | 民国 | 三 | 2020－12 |
| 149 | “新京保税区”旧址 | 民国 | 三 | 2020－12 |
| 150 | 满铁消费组合旧址 | 民国 | 三 | 2020－12 |
| 151 | “新京输入组合”旧址 | 民国 | 三 | 2020－12 |
| 152 | 南大营旧址 | 民国 | 二 | 2008－9 |
| 153 | 第一汽车制造厂厂房 | 中华人民共和国 | 一 | 2008－9 |
| 154 | 第一汽车制造厂住宅 | 中华人民共和国 | 一 | 2008－9 |
| 155 | 第一汽车制造厂专家楼 | 中华人民共和国 | 一 | 2008－9 |
| 156 | 长春市体育馆 | 中华人民共和国 | 一 | 2008－9 |

续表

| 序号 | 名称 | 年代 | 批次 | 公布（公示）时间 |
| --- | --- | --- | --- | --- |
| 157 | 方华烈士纪念碑 | 中华人民共和国 | 一 | 2008－9 |
| 158 | 中科院长春光学精密机械研究所 | 中华人民共和国 | 一 | 2008－9 |
| 159 | 长春电力集团办公楼 | 中华人民共和国 | 一 | 2008－9 |
| 160 | 中科院应用化学研究所 | 中华人民共和国 | 一 | 2008－9 |
| 161 | 吉林省图书馆旧址 | 中华人民共和国 | 一 | 2008－9 |
| 162 | 长春解放纪念碑 | 中华人民共和国 | 一 | 2008－9 |
| 163 | 工人文化宫 | 中华人民共和国 | 一 | 2008－9 |
| 164 | 吉林省宾馆 | 中华人民共和国 | 一 | 2008－9 |
| 165 | 长春地质学院教学楼（鸽子楼） | 中华人民共和国 | 一 | 2008－9 |
| 166 | 地质宫 | 中华人民共和国 | 一 | 2008－9 |
| 167 | 吉林大学理化楼 | 中华人民共和国 | 一 | 2008－9 |
| 168 | 大房身烈士墓 | 中华人民共和国 | 一 | 2008－9 |
| 169 | 吉大教室 | 中华人民共和国 | 二 | 2008－9 |
| 170 | 吉林大学油页岩综合楼 | 中华人民共和国 | 二 | 2008－9 |
| 171 | 吉林大学建设工程学院水工楼 | 中华人民共和国 | 二 | 2008－9 |
| 172 | 怡军苑 | 中华人民共和国 | 二 | 2008－9 |
| 173 | 东北师范大学地理科学院 | 中华人民共和国 | 二 | 2008－9 |
| 174 | 东北师范大学化学学院 | 中华人民共和国 | 二 | 2008－9 |
| 175 | 东北师范大学设备间 | 中华人民共和国 | 二 | 2008－9 |
| 176 | 东北师范大学物理学院 | 中华人民共和国 | 二 | 2008－9 |
| 177 | 东北师范大学历史文化学院 | 中华人民共和国 | 二 | 2008－9 |
| 178 | 东北师范大学教师教育研究院、综合教学楼 | 中华人民共和国 | 二 | 2008－9 |
| 179 | 重庆路977号建筑 | 中华人民共和国 | 三 | 2020－12 |

续表

| 序号 | 名称 | 年代 | 批次 | 公布（公示）时间 |
| --- | --- | --- | --- | --- |
| 180 | 长春工程学院冶建礼堂 | 中华人民共和国 | 三 | 2020－12 |
| 181 | 吉林省商务厅办公楼 | 中华人民共和国 | 三 | 2020－12 |
| 182 | 吉林省应急管理厅办公楼 | 中华人民共和国 | 三 | 2020－12 |
| 183 | 吉林省冶金厅（冶金设计院）旧址 | 中华人民共和国 | 三 | 2020－12 |
| 184 | 长春南湖公园四亭桥 | 中华人民共和国 | 三 | 2020－12 |
| 185 | 吉林大学图书馆地学馆 | 中华人民共和国 | 三 | 2020－12 |
| 186 | 长春儿童电影院旧址 | 中华人民共和国 | 三 | 2020－12 |
| 187 | 吉林省科学技术厅办公楼 | 中华人民共和国 | 三 | 2020－12 |
| 188 | 吉林大学南岭校区第一教学楼 | 中华人民共和国 | 三 | 2020－12 |
| 189 | 吉林大学南岭校区第二教学楼 | 中华人民共和国 | 三 | 2020－12 |
| 190 | 省政府机关房产 II－020 建筑 | 中华人民共和国 | 三 | 2020－12 |
| 191 | 北京大街 1071、1085、1127 建筑 | 中华人民共和国 | 三 | 2020－12 |
| 192 | 北京大街 1055、1049、1047、1043、1037 号建筑 | 中华人民共和国 | 三 | 2020－12 |
| 193 | 吉林省水利厅旧址 | 中华人民共和国 | 三 | 2020－12 |
| 194 | 东四条街 16 号建筑 | 中华人民共和国 | 三 | 2020－12 |
| 195 | 东四条街 11 号建筑 | 中华人民共和国 | 三 | 2020－12 |
| 196 | 碧松净月塔 | 中华人民共和国 | 三 | 2020－12 |

# 附录四　长春市历史建筑名录

| 第一批历史建筑 | | | | | |
|---|---|---|---|---|---|
| 序号 | 历史建筑名称 | 栋数 | 建设年代 | 建筑地址 | 所在城区 |
| 1 | 长春电力集团办公楼 | 1 | 1958 年 | 人民大街 4969 号 | 朝阳区 |
| 2 | 中科院长春光学精密机械研究所 | 1 | 1959 年 | 工农大路以西，南湖大路以北三角地 | 朝阳区 |
| 3 | 伪满洲土地开发株式会社伪地政管理局旧址 | 1 | 20 世纪 30 年代 | 人民大街与北安路北三胡同交会处西南角 | 朝阳区 |
| 4 | 白菊会馆旧址 | 1 | | 西安大路以南，青云街以西 | 朝阳区 |
| 5 | 大佛寺 | 1 | 1935 年 | 湖滨街 1 号 | 朝阳区 |
| 6 | 伪满国务院总务厅弘报处旧址 | 2（文保 1 栋） | 1938 年 | 人民大街 809 号 | 宽城区 |
| 7 | 中共长春市委办公楼 | 1 | | | |
| 8 | 商埠地传统商业特色保护区 | – | 20 世纪 30 年代 | 大马路与西四马路交会处以南 | 南关区 |
| 9 | 京都大厦旧址 | 1 | 1936 年 | 长春大街与大经路交会西南 | 南关区 |
| 10 | 新京政法大学旧址 | 1 | 1938 年 | 人民大街 6228 号 | 南关区 |
| 11 | 伪满千早医院北楼旧址 | 3（文保 1 栋） | 1934 年 | 西安大路 3559 号 | 绿园区 |
| 12 | 伪满新京一中旧址 | 1 | 1936 年 | 西安大路以南，翔运街以西，空军航空大学院内 | 绿园区 |

续表

| 序号 | 历史建筑名称 | 栋数 | 建设年代 | 建筑地址 | 所在城区 |
|---|---|---|---|---|---|
| 13 | 长春市结核病医院 | 2 | 20 世纪<br>50 年代 | 西安广场东南侧 | 绿园区 |
| 第二批历史建筑 | | | | | |
| 14 | 东天街 1 号 | 1 | 20 世纪<br>30 年代 | 东天街与来安南街交会处 | 南关区 |
| 15 | 柳明街 25 号 | 1 | 20 世纪<br>30 年代 | 柳明街 25 号 | 南关区 |
| 16 | 兴盛路 10 号 | 1 | 20 世纪<br>30 年代 | 兴盛路 10 号 | 南关区 |
| 17 | 大马路 637 号(东发合货店) | 1 | 20 世纪<br>20 年代 | 大马路 637 号 | 南关区 |
| 18 | 大马路 625 号(德庆钰、果子铺、亨达利钟表行) | 1 | 20 世纪<br>20 年代 | 大马路 625 号 | 南关区 |
| 19 | 大马路 637 号后侧(泰发合百货店宿舍旧址) | 1 | 1932 年 | 大马路 637 号后侧 | 南关区 |
| 20 | 永春路 117、125、133、139、145 号(白宫旅馆) | 1 | 20 世纪<br>30 年代 | 永春路 117、125、133、139、145 号 | 南关区 |
| 21 | 近埠胡同 21、23、27、33 号 | 1 | 20 世纪<br>30 年代 | 近埠胡同 21、23、27、33 号 | 南关区 |
| 22 | 新发路北胡同 | 1 | 20 世纪<br>30 年代 | 新发路北胡同 | 宽城区 |
| 23 | 光耀胡同 2 号 | 1 | 20 世纪<br>30 年代 | 光耀胡同 2 号 | 宽城区 |
| 24 | 广厦胡同 1 号 | 1 | 20 世纪<br>30 年代 | 广厦胡同 1 号 | 宽城区 |
| 25 | 广厦胡同 2 号 | 1 | 20 世纪<br>30 年代 | 广厦胡同 2 号 | 宽城区 |

续表

| 序号 | 历史建筑名称 | 栋数 | 建设年代 | 建筑地址 | 所在城区 |
|---|---|---|---|---|---|
| 26 | 宁波路南胡同1号 | 1 | 20世纪30年代 | 宁波路南胡同与贵阳街西小胡同交会处东南角 | 宽城区 |
| 27 | 宁波路南胡同2号 | 1 | 20世纪30年代 | 宁波路南胡同2号 | 宽城区 |
| 28 | 厦门路1号 | 1 | 20世纪30年代 | 厦门街与贵阳街西小胡同交会处东北角 | 宽城区 |
| 29 | 宁波路南胡同4号 | 1 | 20世纪30年代 | 宁波路南胡同南、贵阳街西小胡同东侧第二栋建筑 | 宽城区 |
| 30 | 宁波路1号 | 1 | 20世纪30年代 | 宁波路1号 | 宽城区 |
| 31 | 中正朗悦商务宾馆(青阳大厦) | 1 | 20世纪30年代 | 东二条街与珠江路交会东侧 | 宽城区 |
| 32 | 黄河路510号(赤木洋行) | 1 | 20世纪30年代 | 黄河路510号 | 宽城区 |
| 33 | 黄河路520、526号 | 1 | 20世纪30年代 | 黄河路520、526号 | 宽城区 |
| 34 | 长江路1号(大和通派出所) | 1 | 20世纪30年代 | 南京大街与长江路交叉口 | 宽城区 |
| 35 | 黑水路584号 | 1 | 20世纪30年代 | 黑水路584号 | 宽城区 |
| 36 | 黑水路584号东侧建筑 | 1 | 20世纪30年代 | 黑水路584号东侧 | 宽城区 |
| 37 | 胜利大街1198、1196、1186、1182、1178、1168、1166、1162号 | 1 | 20世纪30年代 | 胜利大街1198、1196、1186、1182、1178、1168、1166、1162号 | 宽城区 |
| 38 | 胜利大街1215、1221号 | 1 | 20世纪30年代 | 胜利大街1215、1221号 | 宽城区 |

续表

| 序号 | 历史建筑名称 | 栋数 | 建设年代 | 建筑地址 | 所在城区 |
|---|---|---|---|---|---|
| 39 | 人民大街347号(金华旅馆) | 1 | 20世纪30年代 | 人民大街347号 | 宽城区 |
| 40 | 人民大街355、351、347号 | 1 | 20世纪30年代 | 人民大街355、351、347号 | 宽城区 |
| 41 | 人民大街387、385、379、375、369、365号 | 1 | 20世纪30年代 | 人民大街387、385、379、375、369、365号 | 宽城区 |
| 42 | 人民大街497、491、477号(新京满鲜大楼) | 1 | 20世纪30年代 | 人民大街497、491、477号 | 宽城区 |
| 43 | 人民大街545、539、533、527号 | 1 | 20世纪30年代 | 人民大街545、539、533、527号 | 宽城区 |
| 44 | 人民大街687、719、723号(国都旅馆) | 1 | 20世纪30年代 | 人民大街与龙江路交会处 | 宽城区 |
| 45 | 龙嫩胡同1号 | 1 | 20世纪30年代 | 人民大街与龙嫩胡同交会处 | 宽城区 |
| 46 | 人民大街566、568、574、582号(新京明治生命保险株式会社) | 1 | 20世纪30年代 | 人民大街与天津路交会处东南侧 | 宽城区 |
| 47 | 人民大街588、590、592、612号(帝国生命保险株式会社) | 1 | 20世纪30年代 | 人民大街与天津路交会处东南侧 | 宽城区 |
| 48 | 人民大街706号 | 1 | 20世纪30年代 | 人民大街706号 | 宽城区 |
| 49 | 人民大街710、718、720号 | 1 | 20世纪30年代 | 人民大街与青岛路交会处北侧 | 宽城区 |
| 50 | 塘沽胡同9号 | 1 | 20世纪30年代 | 天津路与塘沽胡同交会处西南侧 | 宽城区 |
| 51 | 人民大街726、730、736号(新京神户海上火灾保险株式会社) | 1 | 20世纪30年代 | 人民大街726、730、736号 | 宽城区 |

续表

| 序号 | 历史建筑名称 | 栋数 | 建设年代 | 建筑地址 | 所在城区 |
|---|---|---|---|---|---|
| 52 | 人民大街744、748、752号(增成动力株式会社) | 1 | 20世纪30年代 | 人民大街744、748、752号 | 宽城区 |
| 53 | 人民大街766、778,青岛路19、37号(满洲新闻社) | 1 | 20世纪30年代 | 人民大街与青岛路交会处东北角 | 宽城区 |
| 54 | 长江路市场胡同1号 | 1 | 1915年 | 长江路市场胡同1号 | 宽城区 |
| 55 | 胜利大街297、305号(新京大阳旅馆) | 1 | 20世纪30年代 | 胜利大街与东一条交会处东侧 | 宽城区 |
| 56 | 胜利大街359、365、367、371号(藤板写真馆) | 1 | 1921年 | 胜利大街与黄河路交会处西侧 | 宽城区 |
| 57 | 吉大教室 | 1 | 20世纪50年代 | 新疆街西、吉大医学部东侧 | 朝阳区 |
| 58 | 吉林大学油页岩综合楼(图书馆) | 1 | 20世纪80年代 | 东民主大街西、吉大地质宫东侧 | 朝阳区 |
| 59 | 吉林大学建设工程学院水工楼 | 1 | 20世纪50年代 | 西民主大街东、吉大地质宫西侧 | 朝阳区 |
| 60 | 永丰胡同1号 | 1 | 20世纪20年代 | 凯旋路西、永丰胡同尽头 | 宽城区 |
| 61 | 永丰胡同2号(中东铁路工务段) | 1 | 20世纪20年代 | 凯旋路西、永丰胡同尽头 | 宽城区 |
| 62 | 吉林省恒际建筑工程检测有限责任公司(523台——伪满洲电信电话株式会社宽城子送信所) | 1 | 20世纪30年代近年复建 | 庆丰路1333号 | 宽城区 |
| 63 | 东北师范大学地理科学院 | 1 | 20世纪50年代 | 东北师范大学8号楼 | 南关区 |

续表

| 序号 | 历史建筑名称 | 栋数 | 建设年代 | 建筑地址 | 所在城区 |
|---|---|---|---|---|---|
| 64 | 东北师范大学化学学院 | 1 | 20 世纪<br>50 年代 | 东北师范大学 9 号楼 | 南关区 |
| 65 | 东北师范大学设备间 | 1 | 20 世纪<br>50 年代 | 东北师范大学 9 号楼南侧 | 南关区 |
| 66 | 东北师范大学物理学院 | 1 | 20 世纪<br>50 年代 | 东北师范大学院内 | 南关区 |
| 67 | 东北师范大学历史文化学院 | 1 | 20 世纪<br>50 年代 | 东北师范大学院内 | 南关区 |
| 68 | 东北师范大学教师教育研究院、综合教学楼 | 1 | 20 世纪<br>50 年代 | 东北师范大学院内 | 南关区 |
| 69 | 人民大街 550 号 | 1 | 20 世纪<br>30 年代 | 人民大街与文昌路交会处东南角 | 南关区 |
| 70 | 亚泰大街 5717 号（伪中央警察学校） | 1 | 1938 年 | 亚泰大街与文昌路交会处西南角 | 南关区 |
| 71 | 南大营展览陈列馆（南大营） | 1 | 20 世纪初<br>2011 年复建 | 亚泰大街御翠豪庭小区内 | 南关区 |

# 附录五　关于长春近现代历史建筑价值认知的调查问卷及统计结果

第 1 题　您的居住地：　　　[单选题]

| 选项 | 小计 | 比例 |
|---|---|---|
| 长春 | 873 | 43.56% |
| 东北(长春以外) | 547 | 27.3% |
| 直辖市及其他省份(东北以外) | 571 | 28.49% |
| 港澳台 | 4 | 0.2% |
| 外国 | 9 | 0.45% |
| 本题有效填写人次 | 2004 | |

第 2 题　您的性别：　　　[单选题]

| 选项 | 小计 | 比例 |
|---|---|---|
| 男 | 610 | 30.44% |
| 女 | 1394 | 69.56% |
| 本题有效填写人次 | 2004 | |

第 3 题　您的年龄段：　　　[单选题]

| 选项 | 小计 | 比例 |
|---|---|---|
| 18 岁以下 | 60 | 2.99% |
| 19 ~ 45 岁 | 1529 | 76.3% |
| 46 ~ 65 岁 | 376 | 18.76% |
| 66 岁以上 | 39 | 1.95% |
| 本题有效填写人次 | 2004 | |

第 4 题　您的职业类型：　　　[单选题]

| 选项 | 小计 | 比例 |
| --- | --- | --- |
| 学生 | 1121 | 55. 94% |
| 工人 | 46 | 2. 3% |
| 农民 | 5 | 0. 25% |
| 公务员和事业单位 | 408 | 20. 36% |
| 企业 | 172 | 8. 58% |
| 军人 | 16 | 0. 8% |
| 离退休人员 | 96 | 4. 79% |
| 其他 | 140 | 6. 99% |
| 本题有效填写人次 | 2004 | |

第 5 题　您的文化程度是：　　　[单选题]

| 选项 | 小计 | 比例 |
| --- | --- | --- |
| 小学 | 7 | 0. 35% |
| 中学 | 55 | 2. 74% |
| 中专和大专 | 219 | 10. 93% |
| 本科及本科以上学历 | 1723 | 85. 98% |
| 本题有效填写人次 | 2004 | |

第 6 题　如果来长春旅游，您比较注重哪些方面的体验？　　　[多选题]

| 选项 | 小计 | 比例 |
| --- | --- | --- |
| 了解城市人文历史 | 1612 | 80. 44% |
| 体验风土人情（民风民俗） | 1318 | 65. 77% |
| 领略自然美景 | 1374 | 68. 56% |
| 休闲娱乐 | 1012 | 50. 5% |
| 地方美食 | 1325 | 66. 12% |
| 其他 | 198 | 9. 88% |
| 本题有效填写人次 | 2004 | |

| 选项 | 被选择次数<br>（答题人数 2004） | 响应率 | 普及率 |
|---|---|---|---|
| 了解城市人文历史 | 1612 | 23.57% | 80.44% |
| 体验风土人情 | 1318 | 19.27% | 65.77% |
| 领略自然美景 | 1374 | 20.09% | 68.56% |
| 休闲娱乐 | 1012 | 14.80% | 50.50% |
| 地方美食 | 1325 | 19.37% | 66.12% |
| 其他 | 198 | 2.90% | 9.88% |
| 汇总 | 6839 | 100% | 341.27% |

第 7 题　来长春参观旅游，您认为哪些景点必看？　　　[多选题]

| 选项 | 小计 | 比例 |
|---|---|---|
| 伪满皇宫建筑群 | 1801 | 89.87% |
| 新民大街伪满八大部旧址 | 1089 | 54.34% |
| 长影旧址博物馆 | 1275 | 63.62% |
| 一汽红旗文化展馆 & 长春汽车博物馆 | 973 | 48.55% |
| 其他长春近现代历史建筑 | 761 | 37.97% |
| 净月潭国家森林公园 | 1377 | 68.71% |
| 文化广场 | 568 | 28.34% |
| 本题有效填写人次 | 2004 | |

| 选项 | 被选择次数<br>（答题人数 2004） | 响应率 | 普及率 |
|---|---|---|---|
| 伪满皇宫建筑群 | 1801 | 22.96% | 89.87% |
| 新民大街伪满八大部旧址 | 1089 | 13.88% | 54.34% |
| 长影旧址博物馆 | 1275 | 16.26% | 63.62% |
| 一汽红旗文化展馆 & 长春汽车博物馆 | 973 | 12.40% | 48.55% |

续表

| 选项 | 被选择次数（答题人数 2004） | 响应率 | 普及率 |
|---|---|---|---|
| 其他长春近现代历史建筑 | 761 | 9.70% | 37.97% |
| 净月潭国家森林公园 | 1377 | 17.56% | 68.71% |
| 文化广场 | 568 | 7.24% | 28.34% |
| 汇总 | 7844 | 100% | 391.40% |

第 8 题　长春和厦门、上海、天津、青岛等城市，都有大量因列强殖民统治而留下的近现代历史建筑，并成为这些城市最有特色的人文历史资源。就旅游宣传和观感体验而言，您觉得最应该改善和提升的城市是：　　[单选题]

| 选项 | 小计 | 比例 |
|---|---|---|
| 上海 | 108 | 5.39% |
| 天津 | 122 | 6.09% |
| 青岛 | 136 | 6.79% |
| 厦门 | 90 | 4.49% |
| 长春 | 1548 | 77.25% |
| 本题有效填写人次 | 2004 | |

第 9 题　在城市历史遗迹游览方面，您最希望了解长春哪方面的历史？　　[多选题]

| 选项 | 小计 | 比例 |
|---|---|---|
| 晚清与民国史 | 1338 | 66.77% |
| 伪满历史 | 1504 | 75.05% |
| 中华人民共和国成立以来的历史 | 814 | 40.62% |
| 本题有效填写人次 | 2004 | |

| 选项 | 被选择次数（答题人数 2004） | 响应率 | 普及率 |
|---|---|---|---|
| 晚清与民国史 | 1338 | 36.60% | 66.77% |
| 伪满历史 | 1504 | 41.14% | 75.05% |
| 中华人民共和国成立以来的历史 | 814 | 22.26% | 40.62% |
| 汇总 | 3656 | 100% | 182.44% |

第 10 题　以下长春历史建筑，您不熟悉甚至不知道的有哪些？　　　［多选题］

| 选项 | 小计 | 比例 |
|---|---|---|
| 长春旧城及商埠地建筑（吉长道尹公署旧址、福顺厚、天兴福火磨旧址、泰发合百货店旧址、郭宗熙旧宅等） | 1597 | 79.69% |
| 沙俄中东铁路附属地建筑（长春站、沙俄火车站俱乐部旧址、沙俄将校兵营旧址、沙俄领事馆旧址等） | 1398 | 69.76% |
| 伪满建筑（伪满皇宫、伪满八大部、“满映”旧址等） | 706 | 35.23% |
| 中华人民共和国成立以来建筑（长春地质宫、长春光学机械研究所、长春应用化学研究所、一汽厂区建筑、长春南湖宾馆主楼等） | 1001 | 49.95% |
| 本题有效填写人次 | 2004 | |

| 选项 | 被选择次数（答题人数 2004） | 响应率 | 普及率 |
|---|---|---|---|
| 长春旧城及商埠地建筑（吉长道尹公署旧址、福顺厚、天兴福火磨旧址、泰发合百货店旧址、郭宗熙旧宅等） | 1597 | 33.96% | 79.69% |

续表

| 选项 | 被选择次数（答题人数 2004） | 响应率 | 普及率 |
| --- | --- | --- | --- |
| 沙俄中东铁路附属地建筑（长春站、沙俄火车站俱乐部旧址、沙俄将校兵营旧址、沙俄领事馆旧址等） | 1398 | 29.73% | 69.76% |
| 伪满建筑（伪满皇宫、伪满八大部、“满映”旧址等） | 706 | 15.02% | 35.23% |
| 中华人民共和国成立以来建筑（长春地质宫、长春光学机械研究所、长春应用化学研究所、一汽厂区建筑、长春南湖宾馆主楼等） | 1001 | 21.29% | 49.95% |
| 汇总 | 4702 | 100% | 234.63% |

第 11 题　您之所以选择参观伪满皇宫、伪满八大部等历史建筑，是因为想：［多选题］

| 选项 | 小计 | 比例 |
| --- | --- | --- |
| 了解日本侵华历史，接受爱国主义教育 | 1519 | 75.8% |
| 和去其他城市一样，就是想了解当地人文历史特色 | 1288 | 64.27% |
| 因为是长春地标建筑，所以想去看看 | 955 | 47.65% |
| 大家都去参观，所以我也去看看 | 270 | 13.47% |
| 本题有效填写人次 | 2004 | |

| 选项 | 被选择次数<br>（答题人数 2004） | 响应率 | 普及率 |
|---|---|---|---|
| 了解日本侵华历史，接受爱国主义教育 | 1519 | 37.67% | 75.80% |
| 和去其他城市一样，就是想了解当地人文历史特色 | 1288 | 31.94% | 64.27% |
| 因为是长春地标建筑，所以想去看看 | 955 | 23.69% | 47.65% |
| 大家都去参观，所以我也去看看 | 270 | 6.70% | 13.47% |
| 汇总 | 4032 | 100% | 201.19% |

第 12 题　在参观伪满皇宫等长春近现代历史建筑遗址、接受导览解说服务时，您最希望听到哪些内容？　　［多选题］

| 选项 | 小计 | 比例 |
|---|---|---|
| 勿忘国耻的政治教育 | 1244 | 62.08% |
| 与建筑相关的历史人物、事件和故事 | 1607 | 80.19% |
| 建筑的历史沿革、建筑风格、设计理念、构造特点等知识 | 1374 | 68.56% |
| 没态度 | 92 | 4.59% |
| 本题有效填写人次 | 2004 | |

| 选项 | 被选择次数<br>（答题人数 2004） | 响应率 | 普及率 |
|---|---|---|---|
| 勿忘国耻的政治教育 | 1244 | 28.82% | 62.08% |
| 与建筑相关的历史人物、事件和故事 | 1607 | 37.22% | 80.19% |
| 建筑的历史沿革、建筑风格、设计理念、构造特点等知识 | 1374 | 31.83% | 68.56% |
| 没态度 | 92 | 2.13% | 4.59% |
| 汇总 | 4317 | 100% | 215.42% |

第 13 题　对伪满皇宫建筑群等历史建筑的各种官方介绍，比如，旅游宣传推广、导游或电子导览解说词，您的体会和评价是：　　[多选题]

| 选项 | 小计 | 比例 |
| --- | --- | --- |
| 内容老套，缺乏新鲜感，有些枯燥乏味 | 1356 | 67. 66% |
| 内容单薄，对历史介绍得不全面、不细腻 | 687 | 34. 28% |
| 内容全面，能客观完整地表述出相关历史史实 | 586 | 29. 24% |
| 无所谓，随便听听就行 | 166 | 8. 28% |
| 本题有效填写人次 | 2004 | |

| 选项 | 被选择次数（答题人数 2004） | 响应率 | 普及率 |
| --- | --- | --- | --- |
| 内容老套，缺乏新鲜感，有些枯燥乏味 | 1356 | 48. 52% | 67. 66% |
| 内容单薄，对历史介绍得不全面、不细腻 | 687 | 24. 58% | 34. 28% |
| 内容全面，能客观完整地表述出相关历史史实 | 586 | 20. 96% | 29. 24% |
| 无所谓，随便听听就行 | 166 | 5. 94% | 8. 28% |
| 汇总 | 2795 | 100% | 139. 46% |

第 14 题　在参观完伪满皇宫等历史建筑之后,您会如何向朋友推荐?　[单选题]

| 选项 | 小计 | 比例 |
| --- | --- | --- |
| 值得花足够时间认真游览 | 719 | 85.78% |
| 看不看都行 | 255 | 12.72% |
| 不值得看 | 30 | 1.5% |
| 本题有效填写人次 | 2004 | |

第 15 题　伪满皇宫等长春近现代历史建筑留给您的印象:　[多选题]

| 选项 | 小计 | 比例 |
| --- | --- | --- |
| 是帝国主义的侵华物证,是开展爱国主义教育的好地方 | 1534 | 76.55% |
| 这些建筑融汇中外审美风格,充满时代地域特色,值得观览 | 1186 | 59.18% |
| 是这个城市的珍贵历史记忆,值得保护并加大开发力度 | 1337 | 66.72% |
| 没感觉 | 47 | 2.35% |
| 本题有效填写人次 | 2004 | |

| 选项 | 被选择次数(答题人数 2004) | 响应率 | 普及率 |
| --- | --- | --- | --- |
| 是帝国主义的侵华物证,是开展爱国主义教育的好地方 | 1534 | 37.38% | 76.55% |
| 这些建筑融汇中外审美风格,充满时代地域特色,值得观览 | 1186 | 28.90% | 59.18% |
| 是这个城市的珍贵历史记忆,值得保护并加大开发力度 | 1337 | 32.58% | 66.72% |
| 没感觉 | 47 | 1.14% | 2.35% |
| 汇总 | 4104 | 100% | 204.80% |

第 16 题　对伪满皇宫、伪满八大部等历史建筑的宣传介绍，您认为以下哪几个方面能更好地满足您的需求？　　[多选题]

| 选项 | 小计 | 比例 |
|---|---|---|
| 接受爱国主义教育 | 1433 | 71.51% |
| 丰富伪满历史知识 | 1446 | 72.16% |
| 了解建筑历史、文化、价值等知识 | 1512 | 75.45% |
| 想知道溥仪等历史名人的生活细节 | 1076 | 53.69% |
| 其他 | 83 | 4.14% |
| 本题有效填写人次 | 2004 | |

| 选项 | 被选择次数（答题人数 2004） | 响应率 | 普及率 |
|---|---|---|---|
| 接受爱国主义教育 | 1433 | 25.82% | 71.51% |
| 丰富伪满历史知识 | 1446 | 26.05% | 72.16% |
| 了解建筑历史、文化、价值等知识 | 1512 | 27.24% | 75.45% |
| 想知道溥仪等历史名人的生活细节 | 1076 | 19.39% | 53.69% |
| 其他 | 83 | 1.50% | 4.14% |
| 汇总 | 5550 | 100% | 276.95% |

第 17 题　您认为对伪满皇宫等历史建筑的宣传介绍，更应该注重：　　[多选题]

| 选项 | 小计 | 比例 |
|---|---|---|
| 强调政治教育价值即可，其他不重要 | 830 | 41.42% |
| 尽力挖掘出更丰富的历史细节，以增强城市历史的厚重感，让游客不虚此行 | 1673 | 83.48% |
| 客观阐述建筑本身的特色风格、艺术价值、文物价值、建筑价值，促进人文旅游 | 1402 | 69.96% |
| 无所谓 | 30 | 1.5% |
| 本题有效填写人次 | 2004 | |

| 选项 | 被选择次数（答题人数 2004） | 响应率 | 普及率 |
|---|---|---|---|
| 强调政治教育价值即可，其他不重要 | 830 | 21.09% | 41.42% |
| 尽力挖掘出更丰富的历史细节，以增强城市历史的厚重感，让游客不虚此行 | 1673 | 42.52% | 83.48% |
| 客观阐述建筑本身的特色风格、艺术价值、文物价值、建筑价值，促进人文旅游 | 1402 | 35.63% | 69.96% |
| 无所谓 | 30 | 0.76% | 1.50% |
| 汇总 | 3935 | 100% | 196.36% |

第 18 题　与您在其他城市的人文历史旅游经历相比较，伪满皇宫等长春历史建筑带给您的体验：　　［单选题］

| 选项 | 小计 | 比例 |
|---|---|---|
| 沉重压抑，缺乏轻松、愉悦感 | 538 | 26.85% |
| 单调乏味，缺乏知识上的获得感 | 333 | 16.62% |
| 更有收获 | 825 | 41.17% |
| 说不清 | 308 | 15.37% |
| 本题有效填写人次 | 2004 | |

第 19 题　通过历史建筑的参观游览，您想了解包括伪满洲国时期在内的长春近现代历史的哪些方面？　　［多选题］

| 选项 | 小计 | 比例 |
|---|---|---|
| 日本殖民统治的历史 | 1391 | 69.41% |
| 傀儡政权的真相 | 1324 | 66.07% |
| 发生在这些建筑里的各种历史事件 | 1397 | 69.71% |

续表

| 选项 | 小计 | 比例 |
|---|---|---|
| 当时长春人的日常生活状况 | 1004 | 50.1% |
| 溥仪和婉容等历史人物的宫廷生活细节 | 1020 | 50.9% |
| 当时长春的城市建筑、规划 | 818 | 40.82% |
| 本题有效填写人次 | 2004 | |

| 选项 | 被选择次数（答题人数 2004） | 响应率 | 普及率 |
|---|---|---|---|
| 日本殖民统治的历史 | 1391 | 20.00% | 69.41% |
| 傀儡政权的真相 | 1324 | 19.04% | 66.07% |
| 发生在这些建筑里的各种历史事件 | 1397 | 20.09% | 69.71% |
| 当时长春人的日常生活状况 | 1004 | 14.44% | 50.10% |
| 溥仪和婉容等历史人物的宫廷生活细节 | 1020 | 14.67% | 50.90% |
| 当时长春的城市建筑、规划 | 818 | 11.76% | 40.82% |
| 汇总 | 6954 | 100% | 347.01% |

第 20 题　您对长春利用上述历史建筑开展人文旅游宣传推广有什么具体的意见和建议？　　[填空题]

※调查问卷统计结果说明：多项选择题一般采用普及率和响应率的数据分析方式。普及率表示人群的占比，更加强调问卷中有多少比例选择某项，统计原则为：多选题选项百分比＝该选项被选择次数÷有效答卷人数，选项百分比相加可能超过 100%；响应率是表示各选项的选择相对占比，更加注重选项之间的比较，统计原则为：多选题选项百分比＝该选项被选择次数÷总选择次数，各个比例的和一定为 100%。为使此次调查问卷数据更加直观清晰，故在多选题后面采用表格形式列出普及率和响应率的数据分析结果。

# 附录六　关于长春近现代历史建筑公众认知的调查分析报告

## 一、调查目的、原则和方法

本问卷调查项目，是针对外地游客和长春市民而开展的。通过线上线下问卷相结合、定量定性分析相结合的方式方法，选择在地域、年龄、教育、职业等方面具有代表性的受访者，以了解其对长春历史建筑和城市人文形象的感知情况。

本问卷于2021年4月1日开始发放，4月7日结束并完成回收，共发放线上问卷1500份，线下问卷504份，有效参与人数为2004人。6月30日完成分析报告的撰写。调查结果将用于对长春城市历史传播效果的评估，并为长春历史文化传播改进、话语体系创新建设提供支持。

项目组工作人员在伪满皇宫莱薰门前进行线下问卷调查

## 二、数据来源

为确保“关于长春近现代历史建筑价值认知的调查问卷”参与对象空间分布上的广泛性、职业分布上的多元性、文化程度分布上的差异性、调查结果的准确性，以及统计分析的便捷性，本次调查主要采用“问卷星”，通过线上线下相结合的方式进行，共投放调查问卷2004份。

线下问卷主要通过伪满皇宫博物院讲解员和项目工作人员向在伪满皇宫博物院旅游景区游玩的游客、本地市民、学生和政府机关工作人员等发放。

讲解员协助项目组在伪满皇宫跑马场和宫内府门前进行线下问卷调查

线上问卷实施，由项目组基于受访者地域、职业、受教育程度、年龄等方面代表性考量，选择50余个微信交流群展开发放与回收。受访者分别来自美国、加拿大、日本、阿塞拜疆、科摩罗和中国6个国家以及中国的21个省、4个少数民族自治区、4个直辖市、1个特别行政区和中国台湾地区共计140余个城市和地区（图1）。除贵州省、西藏自治区和中国澳门特别行政区以外，问卷参与者几乎遍布中国所有区域。

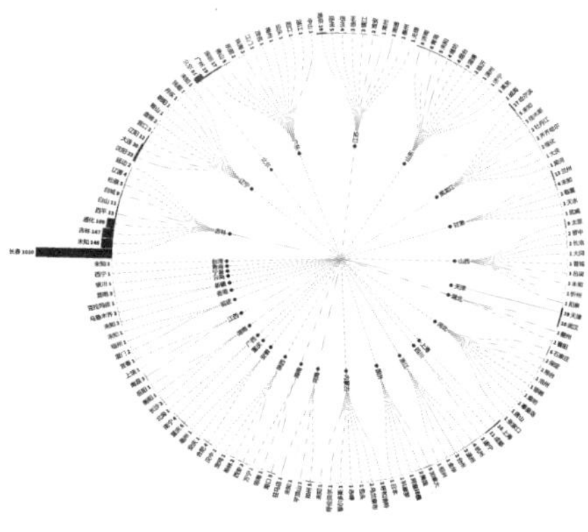

图1　参与调查问卷者海内外各国家、地区统计详图

## 三、调查分析报告

通过对2004份社会问卷调查数据进行分析，得出对长春近现代历史建筑价值阐述及话语表述体系建设的科学规划建议。

## (一)基础数据分析

在地域分布上,问卷调查参与者中43.56%来自长春本地,27.3%来自长春以外的东北地区,28.49%来自国内直辖市及其他省份,0.2%来自港澳台地区,0.45%来自海外(图2)。

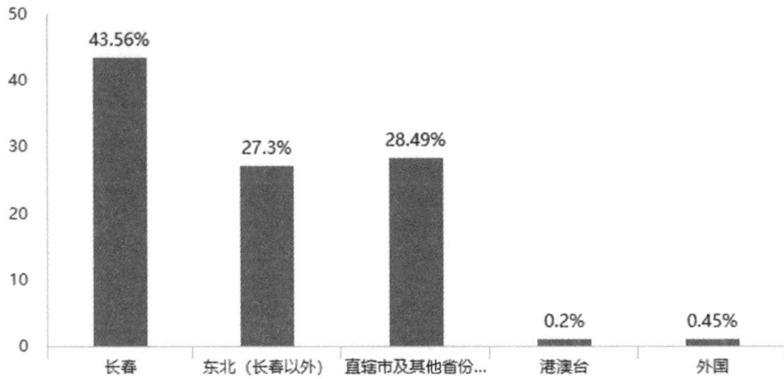


图2　问卷调查参与者来源分布图

如果以省为单位进行统计,则问卷调查参与者中有72.75%来自吉林本省(图3),这有力地证明了,作为城市形象最直观的感受者,本地市民对问卷调查具有更高的参与性和积极性。而28.49%的直辖市及其他省份问卷中,以辽宁省4.24%、北京市4.14%、广东省2.59%、江苏省2%、黑龙江省1.65%等为主要分布地区(图3)。从这个分布范围可以看出,参与者的活跃度与这些地区同长春市空间地理位置的远近、地方经济发展程度的高低两个变量呈正相关。

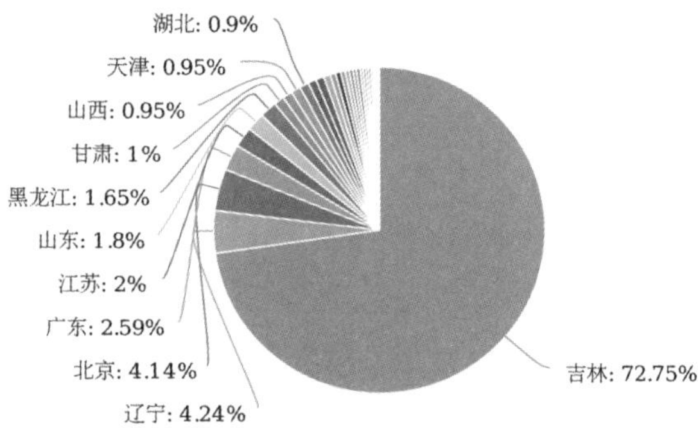


图3　问卷调查参与者地域分布图

以性别进行统计,女性群体占了调查总人数的69.56%,男性群体占了30.44%(图4)。以年龄范围分布进行统计,则19~45岁的人群占据了调查

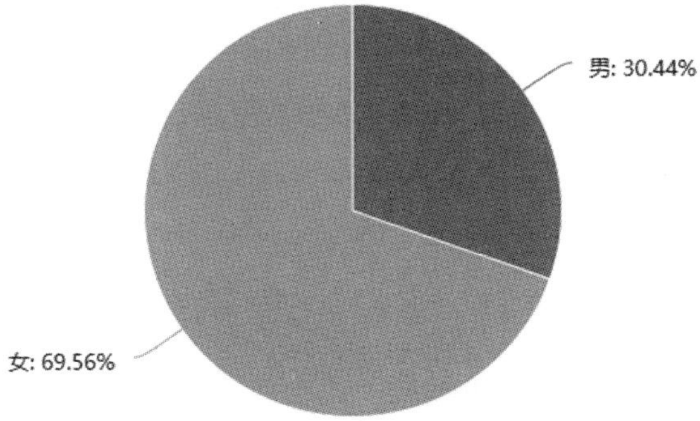


图 4　问卷调查参与者性别分布图

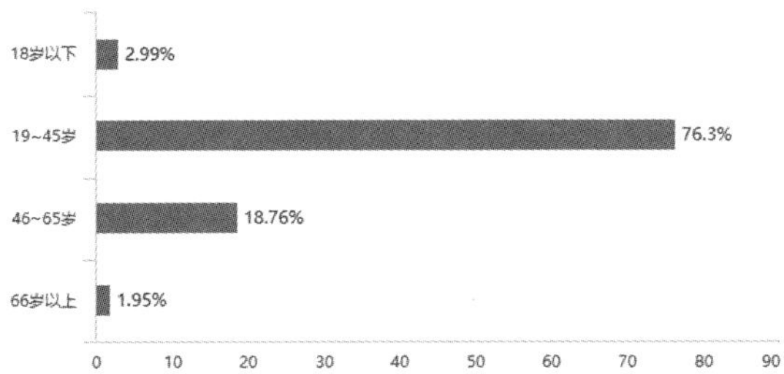


图 5　问卷调查参与者年龄段分布图

总人数的 76. 3%（图 5）。通过性别与年龄范围分布数据上的交叉统计，至少表明两个现象：1. 女性群体对城市形象的感知更为敏感；2. 有着高度社会参与力和敏锐社会感知力的中青年群体对城市形象宣传的改变有着更为迫切的意愿。

以职业类型统计，学生占了问卷调查参与者总数的 55. 94%，公务员和事业单位、企业分别占了 20. 36%、8. 58%（图 6）。以文化程度统计，则本科及本科以上学历占了问卷调查参与者总数的 85. 98%，中专和大专学历也占了 10. 93%，两者相加，基本上覆盖了此次调查的全部人群（图 7）。数据来源群体的高度集中性与文化程度相对较高，某种程度上保证了本次问卷调查的科学性和合理性。

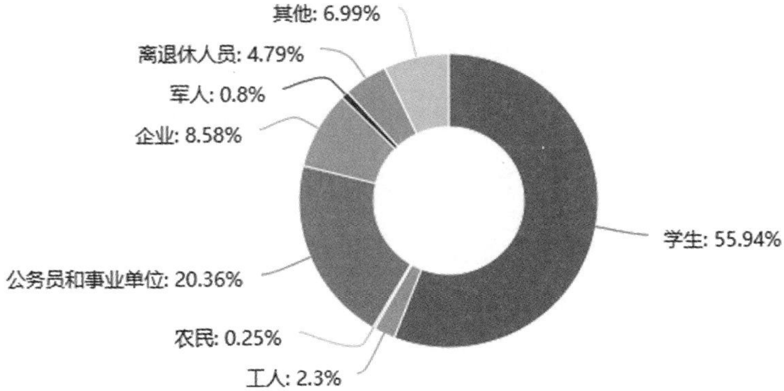


图 6　问卷调查参与者职业类型分布图

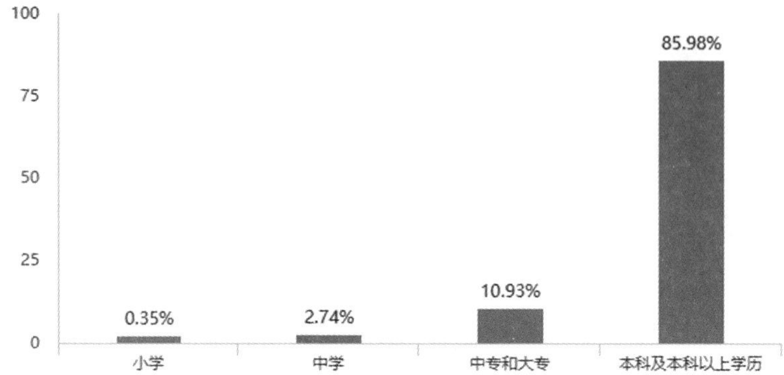


图 7　问卷调查参与者文化程度分布图

## (二)关于长春近现代历史建筑感知调查的数据分析

这次问卷调查以“历史建筑”为切入点,收集公众对长春不同时期代表性历史建筑的印象、观感和建议。根据数据分析,可以得出以下几个结论:

1. 大多数民众更希望了解长春城市人文历史,由此可见长春未来人文旅游发展前景广大。

人文历史是一个城市独特风采的体现,它以其独特的形式和内容丰富着城市文化。根据数据分析,80. 44% 的受访者认为“了解城市人文历史”是自己在长春游玩时最为注重的体验,远超过领略自然美景、品尝地方美食、体验风土人情和休闲娱乐其他 4 项(图 8)。可见,随着物质生活的日益增

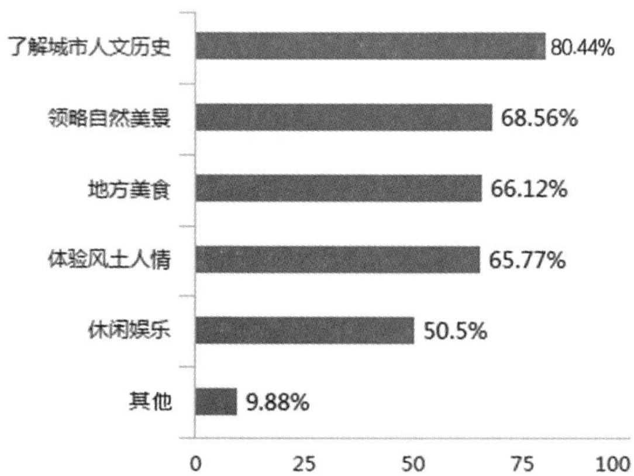


图 8　关于民众来长春旅游更注重哪些方面体验的调查

长,人们对精神文化和人文历史的渴望度和求知度非常高。长春是一座非常有潜力的城市,人文历史旅游资源丰富,人文历史景观众多,特色鲜明,而如何在人文历史挖掘和宣传上下功夫,搭建起长春文化和旅游融合发展的空间和舞台,进而激发出城市文旅发展新活力,满足民众需求应成为未来长春文旅发展重点打造的方向。

2. 与上海、天津、青岛、厦门等国内相类似城市比较,长春是旅游宣传和观感体验最不好的城市,需大力改善和提升。

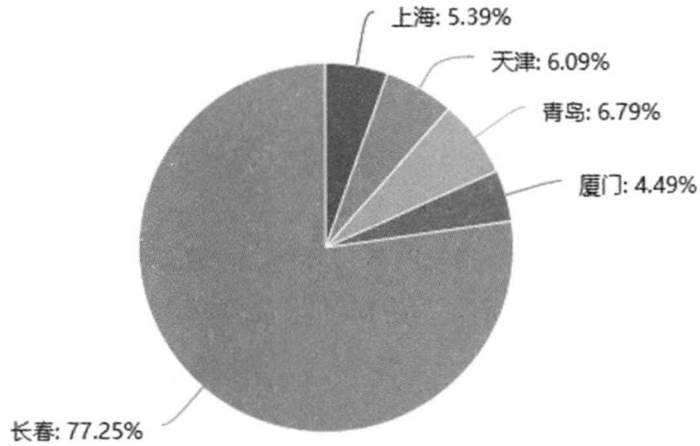


图 9　关于民众认为最应该改善和提升的城市调查

近代以来,外国列强在我国的上海、天津、青岛等城市留下了大量异域风格的建筑。作为一种融合了人类多种文化因素在内的建筑文化,这些异域风格的建筑所体现的并不仅仅是殖民者的殖民文化,而是一种融合了人类多种文化因素在内的建筑文化。上海、天津等城市是如何在异域建筑和城市形象之间取得平衡的,问卷调查参与者对这几个城市的对外宣传和个人观感是怎样的,是否有值得长春的城市管理者借鉴的地方,在调查中,5. 39% 的人认为上海,6. 09% 的人认为天津,6. 79% 的人认为青岛,4. 49% 的人认为厦门在旅游宣传上有进一步改善的空间。与之相比,77. 25% 的人认为长春需要进行大力度的改善(图 9),以提升城市的对外宣传和市民、游客的个人观感体验。

3. 民众对伪满皇宫建筑群和伪满历史等最感兴趣,但又觉得参观后沉重、压抑,缺乏轻松愉悦和知识上的获得感。

在"来长春参观哪些景点必看"的 7 项选择调查中,89. 87% 和 54. 34% 的被调查者认为"伪满皇宫建筑群""新民大街伪满八大部旧址"总体来说是长春最值得一看的景点(图 10)。这同 75. 05% 的问卷调查参与者对"伪满历史"最感兴趣的数据显然是相符的(图 11)。由此可见,伪满皇宫建筑群和伪满历史在长春城市历史中始终占据着举足轻重的地位,是独具特色的历史文化资源。而参与调查者在"与其他城市的人文历史旅游经历相比较,伪

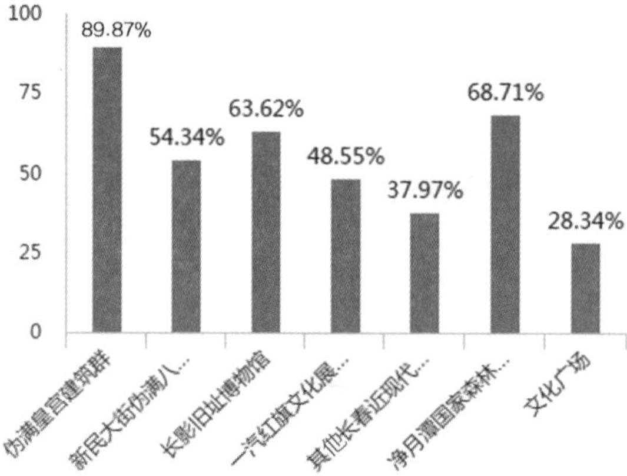


图 10　来长春参观必看的景点调查

满皇宫等长春历史建筑带来的体验”中，尽管有 41.17% 的人认为有收获，但还有总数为 58.84%（26.85% +16.62% +15.37%）的人觉得参观后沉重、压抑，缺乏轻松愉悦和知识上的获得感，甚至无感，说不清（图 12）。这说明随着时代的发展，伪满皇宫讲解词和伪满历史话语表述体系相对滞后，已不能满足民众所需，亟须重新进行系统梳理和更新。

游客在参观伪满皇宫勤民楼

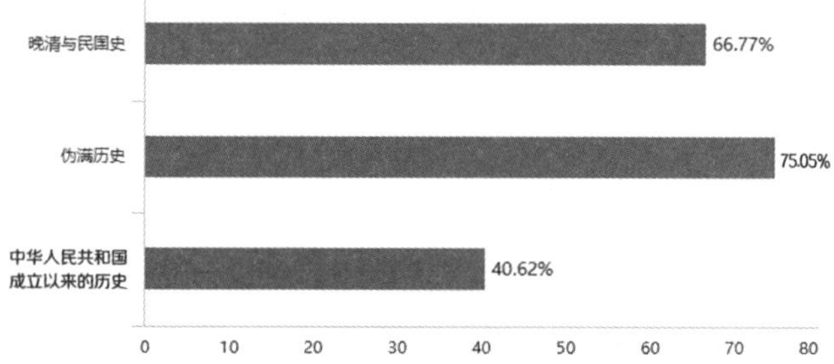


图 11　关于民众在城市历史遗迹游览方面的调查数据

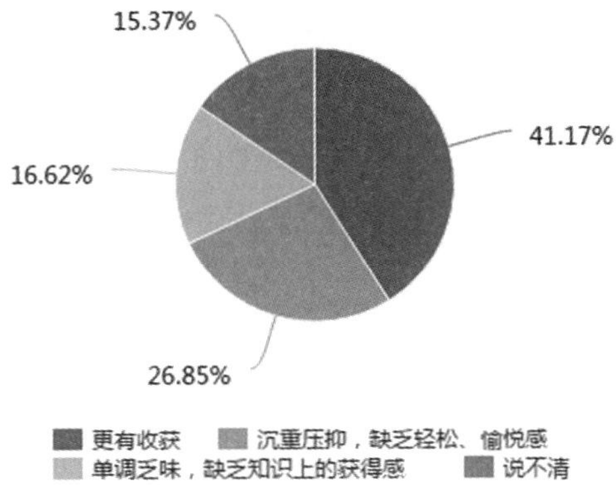


图 12　关于“与其他城市的人文历史旅游经历相比较，伪满皇宫等长春历史建筑带来的体验”调查

4. 通过对长春城市历史和长春近现代历史建筑的调查发现，除伪满历史和伪满建筑之外的长春其他时期的历史和建筑是民众急需了解却知之甚少的部分。

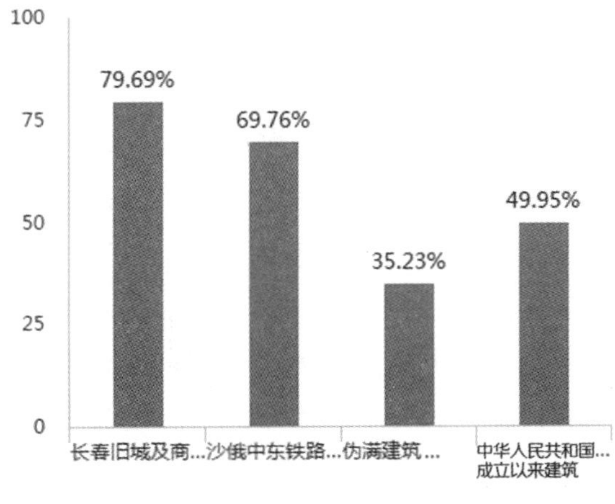


图 13　关于民众对长春历史建筑熟悉度的调查

在长春近现代历史建筑熟悉程度调查中，对伪满皇宫建筑群不熟悉者最少，只占 35.23%；而对长春旧城及商埠地建筑（吉长道尹公署旧址、福顺厚、天兴福火磨旧址、泰发合百货店旧址、郭宗熙旧宅等）和沙俄中东铁路附属地建筑（长春站、沙俄火车站俱乐部旧址、沙俄将校兵营旧址、沙俄领事馆旧址等）不熟悉的则高达 79.69% 和 69.76%。（图 13）。由此可见，伪满历史和伪满建筑群在长春历史建筑中富有典型性特征，在以往的宣传中知名度较高。但民众对长春其他时期城市历史和近现代历史建筑却了解甚少，因此有必要积极针对“薄弱环节”，选取“典型内容”，完善“长春城市历史”，阐述“长春内涵”，进一步加强和改进对长春其他时期城市历史以及近现代历史建筑的宣

传力度，将长春近现代历史及其建筑全貌呈现在民众面前。

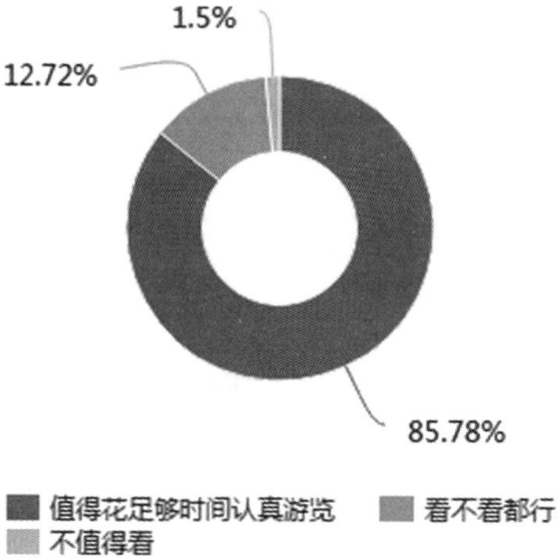


图 14 关于向亲朋好友推荐的程度调查

5. 调查发现，虽然大多数人愿意花足够的时间认真游览，但认为这些建筑的官方介绍或解说词存在一些问题，需要改进。

在参观伪满皇宫等历史建筑后，85.78% 的调查参与者认为值得向亲朋好友推荐和值得花足够的时间认真游览（图 14）；有 67.66% 的人认为内容老套，缺乏新鲜感，枯燥乏味；还有 34.28% 的人认为伪满皇宫的相关介绍单薄，对历史介绍不全面（图 15）；只有 29.24% 的人认为其介绍内容全面，且综合问卷调查中有 72.75% 来自吉林本省（上文已述）。这足以说明来自吉林本省且比较了解家乡历史的民众虽然对伪满皇宫等历史建筑群关注度较高，认为值得花时间参观浏览，但对自己家乡历史的官方介绍并不满意。由此更可以确定：迫切需要改善长春城市话语表述体系。“努力缩小长春同上海、天津等其他城市的差距”这一官方宣传目标在吉林本省的呼声更高，更具有强大的群众基础。同时，这也客观反映了对伪满皇宫历史建筑的官方介绍不能满足社会民众的迫切需求和时代之需之间的矛盾。

有鉴于此，基于客观、科学表述长春近现代史和历史建筑之需要，有必要对长春近现代历史建筑进行研究、挖掘、梳理，改进现有的官方介绍或解说词，以促进和完善新时代长春城市历史建筑话语表述体系的科学和重构，满足国内外游客的游览需求，并唤起长春市民的文化自尊心，以及对自己家乡的自豪感、荣誉感和归属感。

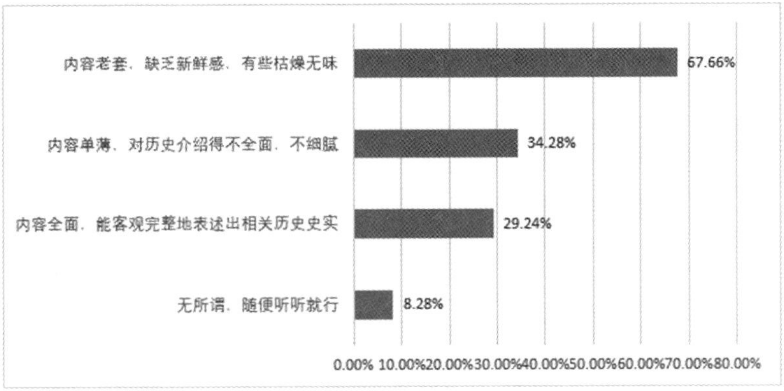


图 15　对伪满皇宫建筑群等历史建筑的各种官方介绍的感受度调查

6. 民众认为，建筑是城市的珍贵历史记忆，值得观览，并更注重建筑本身的知识、特色、价值及与其相关的历史人物、事件和故事等的宣传介绍。

在关于“伪满皇宫等长春近现代历史建筑给您留下的印象”调查中，大多数民众在认可其侵华物证的前提下，有 66.72% 的人认为“这些建筑是这个城市的珍贵历史记忆，值得保护并加大开发力度”；有 59.18% 的人认为“这些建筑融汇中外审美风格，充满时代地域特色，值得观览”（图 16）。在参观这些历史建筑时，80.19% 的参与调查者希望了解“与建筑相关的历史人物、事件和故事”；68.56% 的人愿意了解建筑的历史沿革、建筑风格、设计理念、构造特点等知识（图 17）。关于伪满皇宫等近现代历史建筑侧重点的调查中，83.48% 的调查者认为“应该尽力挖掘出更丰富的细节，以增强城市历史的厚重感，让游客不虚此行”；69.96% 的人则倾向“客观阐述建筑本身的特色风格、艺术价值、文物价值、建筑价值，促进人文旅游”（图 18）。

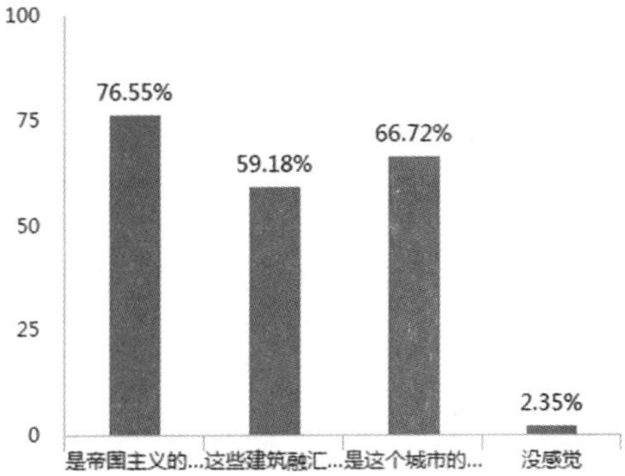


图 16　关于伪满皇宫等长春近现代历史建筑所留印象的调查

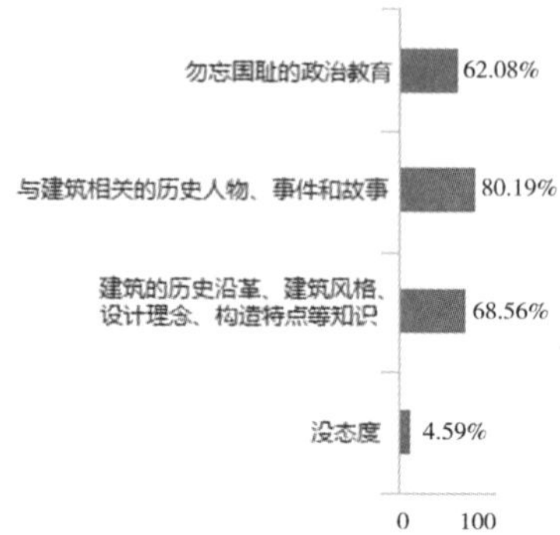


图 17　关于游客注重建筑哪方面内容的调查

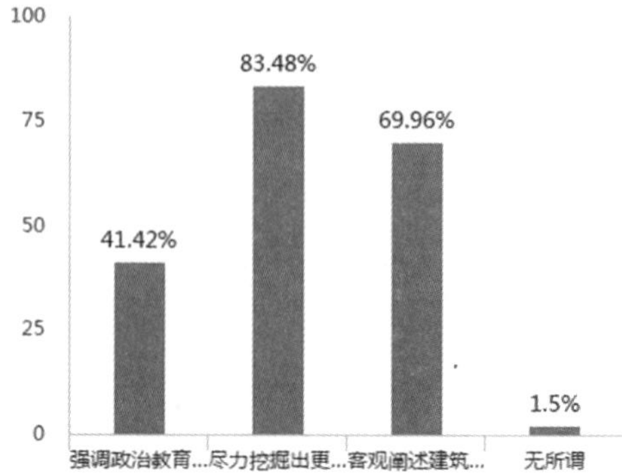


图 18　关于伪满皇宫等历史建筑的宣传介绍应侧重哪方面的调查

综上，管理者应在民众参观伪满皇宫等长春近现代历史建筑遗址、接受导览解说服务时，更注重对建筑的历史沿革、建筑风格、设计理念、构造特点等知识的介绍，同时还要注重挖掘与建筑相关的历史人物、事件与故事，形成独特的包含多段历史时期且多元并蓄、交融共生的城市建筑文化的宣传话语，把长春打造成具有魅力且使观众获得更好参观体验的城市，使其不虚此行。

7. 调查显示，只有更多知识内涵、更多信息含量、更多历史细节、更丰富故事的官方介绍，才能满足参观者多层次、多元化的文化需求。

讲解员在带领游客参观伪满皇宫建筑群

官方介绍和讲解词在一个城市文化形象传播中起着至关重要的作用，本次问卷调查特意对官方介绍和讲解词如何能满足游客参观需求进行了实际调查。如通过题16“对伪满皇宫、伪满八大部等历史建筑的宣传介绍，哪几个方面能更好地满足您的需求”调查中，75.45%的人选择“了解建筑历史、文化、价值等知识”，72.16%的人选择了“丰富伪满历史知识”，71.51%选择了“接受爱国主义教育”，53.69%“想知道溥仪等历史名人的生活细节”（图19）；题19“通过历史建筑的参观游览，您想了解包括伪满洲国时期在内的长春近现代历史的哪些方面”的调查中，有69.71%的人希望了解“发生在这些建筑里的各种历史事件”，69.41%的人愿意了解“日本殖民统治的历史”，66.07%的人想知道“傀儡政权的真相”，50.9%的人对“溥仪和婉容等历史人物的宫廷生活细节”感兴趣，50.1%的人想知道“当时长春人的日常生活状况”，40.82%的人想知悉“当时长春的城市建筑和规划”（图20）。数据显示，民众的需求涉及长春近现代历史与建筑的方方面面，呈多元化趋势，且所占比例均衡。

综上所述，在数字化时代快速发展的今天，单一的官方介绍、简单的政治灌输已远远满足不了游客的参观需求，而更多知识内涵、更多信息含量、更多历史细节、更丰富的故事情节，以及全面、客观、科学、翔实的介绍才能真正满足参观者多层次、多元化的文化需求。

伪满皇宫旧址是民众进行爱国主义教育的重要场所，图为在伪满皇宫博物院举办的“勿忘国耻 爱我中华”“纪念九一八事变”社会各界宣誓仪式活动现场

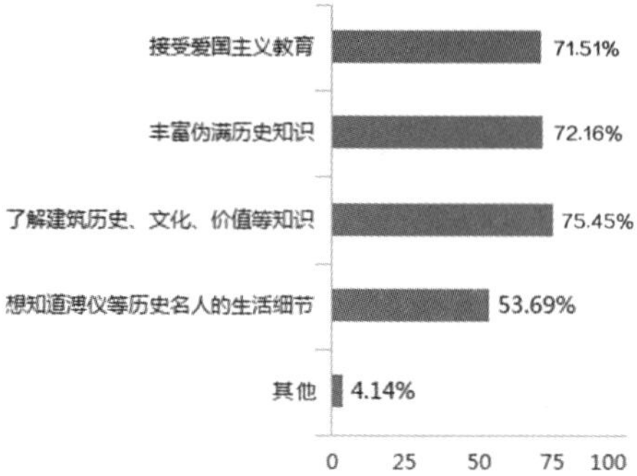


图 19

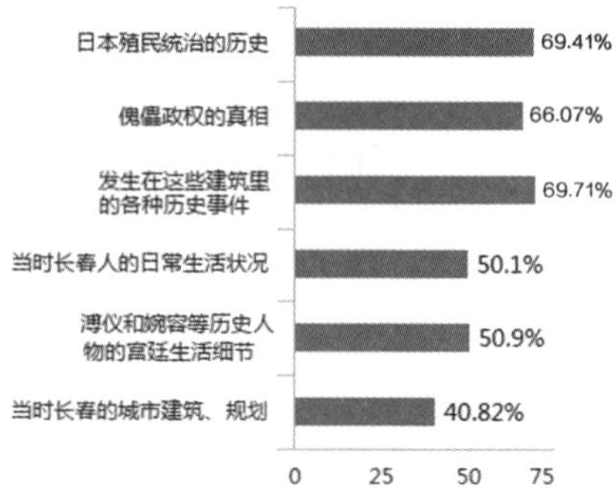


图 20　关于想了解包括伪满洲国时期在内的长春近现代历史哪些方面知识的调查

8. 超三分之一问卷参与者为长春城市近现代历史建筑和对外宣传提出了宝贵的建设性意见和建议。

此次问卷调查参与者来自国内外各个地方，他们生活、学习的城市都有着深厚的城市历史文化底蕴和独具特色的历史建筑，也有来自类似“被殖民”经历的城市体验，且在历史建筑与城市形象宣传相结合方面有着很好的基础。所谓“他山之石可以攻玉”，“众人拾柴火焰高”，此次问卷调查最后还就长春利用近现代历史建筑开展人文旅游宣传推广征求了所有参与者的意见和建议。在 2004 人中，有 720 人（占总人数的 35.93%）根据自身的经历、认识和体验，对长春城市近现代历史建筑和对外宣传推广提出了自己的建设性意见和建议，这些意见和建议必将成为未来我们改善长春城市形象建设和话语体系重构的基石，发挥不可替代的借鉴作用。如：

（1）要把长春的历史和东北抗联的历史联系起来，结合党史教育，加大爱国主义宣传力度。

（2）虽对伪皇宫及伪满历史整理挖掘工作卓有成效，但对长春旧城、商埠等建筑及沙俄时期的建筑遗址及当时历史背景宣传推广不够深入、不全面。

（3）殖民侵略和殖民统治所留下来的建筑是全人类的文化遗产，也是长春这座城市历史发展进程的最好见证，现在我们国家已经强大起来，因此不要过分纠结在狭隘的民族情感中，要正视历史，把近现代历史建筑很好地加以研究、利用和保护，让它发挥出更好的价值和意义。

(4)善于利用微信公众号、抖音、快手、哔哩哔哩等新媒体渠道,使民众更加方便了解长春优秀的历史文化传统和近现代历史建筑。

(5)要把顶层设计与基层探索结合起来,加强历史建筑间的集群效应,想方设法让游客在同样的时间,能够参观更多的地方,让游客产生流连忘返的感觉。

(6)要有意识地开发有关长春历史建筑的文创产品(如故宫文创就做得很好)。

(7)加大政府在历史建筑保护、开发方面的预算,调集更大的人力、物力从事这方面的工作。

(8)希望能完善官方宣传和讲解词,以了解历史建筑背后的细节和故事。

# 主要参考文献


## 文件纪要

[1]《吉林省编制委员会关于伪皇宫陈列馆编制的批复》,1962 年 12 月 24 日。

[2]《关于日本帝国主义侵略陈列馆事》,中华人民共和国文化部(63)文物平密字第 1104 号,1963 年 7 月 19 日。

[3]《关于日本帝国主义侵略陈列馆事的批文》,国家文化部,1963 年。

[4]《吉林省文化局关于接管伪皇宫遗址的请示报告》,吉林省文化局,1963 年。

[5]《吉林省文化局与省农业厅移交伪皇宫的交接书》,吉林省文化局,1963 年。

[6]《吉林省文化局机关党委给陈列馆支部任命于洪波为书记的批文》,吉林省文化局,1964 年。

[7]《省文物局关于划定伪皇宫保护范围的请示报告的通知》,吉林省人民政府转发,1981 年。

[8]《关于恢复伪皇宫陈列馆的请示》,吉林省文物局,吉文物发 30 号文件,1982 年。

[9]《关于恢复伪皇宫陈列馆和省博物馆自然部增加编制的批复》,吉编事字 74 号文件,1982 年。

[10]《发展长春市旅游事业的几个有关问题》,1982 年 8 月 4 日。

[11]《伪皇宫陈列馆筹建方案》,1982 年。

[12]《日本帝国主义侵略东北罪行》陈列大纲,1983 年。

[13]《讨论日本帝国主义侵略东北罪行展览大纲记录》手稿,1983 年。

[14]李作权:《谈伪皇宫陈列馆的特点和调查征集工作》,1983 年。

[15]李茂杰:《谈日本帝国主义侵略东北罪行陈列内容设计的几个问题》,1983 年。

[16]关忠祥:《探讨建立侵华遗址博物馆的几个问题》,1983 年。

[17]伪皇宫陈列馆报省文化厅《关于我馆陈列大纲的报告》,1984 年。

[18]《邀请东北师范大学、外研所座谈罪展大纲记录》手稿 ,1984 年。

[19]《李茂杰外出学习征求罪展意见汇报》手稿,1984 年。

[20]《中国革命博物馆对罪展大纲的意见》手稿,1984 年。

[21]《南京博物院对罪展大纲的意见》手稿,1984 年。

[22]《伪皇宫及周边环境的近期和远景规划》,1984 年 7 月 12 日。

[23]《韩克华同志和赵修、于林同志谈话记录》,《伪皇宫陈列馆年鉴》,1984 年。

[24]《伪皇宫陈列馆 1985—1987 维修计划》,1984 年 12 月 4 日。

[25]《省委书记高狄视察情况记录》《伪皇宫陈列馆年鉴》,1985 年。

[26]《关于东北沦陷十四年史 1986—1988 年研究及选题计划》,1986 年。

[27]《伪皇宫陈列馆文物征集申请报告》,1986 年。

[28]《李鹏同志来我馆视察》,《伪皇宫陈列馆年鉴》,1987 年。

[29]《胡启立同志来我馆视察》,《伪皇宫陈列馆年鉴》,1987 年。

[30]《伪皇宫陈列馆给吉林省财政厅、吉林省文化厅关于文物征集费申请报告》,1987 年。

[31]《伪皇宫陈列馆关于更改馆名的请示报告》,1988 年。

[32]《文化部关于更改馆名的批件》,1989 年。

[33]《吉林省伪皇宫陈列馆近期和远景规划》,1990 年。

[34]《伪皇宫开发与利用研讨会会议纪要(附专家发言)》,1992 年 11 月 9 日。

[35]《伪皇宫开发利用规划》,1992 年 12 月。

[36]《关于伪皇宫原貌、现状及开发利用规划情况的汇报》,1992 年。

[37]《吉林省伪皇宫陈列馆近期和远景规划》,1999 年 7 月 6 日。

[38] 吉林省政府专题会议纪要:《研究将伪皇宫遗址和伪皇宫陈列馆

划归长春市管理的有关问题》,2000 年 3 月 9 日。

[39]吉林省政府专题会议纪要:《研究伪皇宫陈列馆具体交接问题》,2000 年 7 月 6 日。

[40]长春市政府会议纪要:《研究伪皇宫有关问题》,2000 年 9 月 4 日。

[41]《关于伪皇宫陈列馆及伪满皇宫遗址交由长春市管理的备忘录》,2000 年 9 月 7 日。

[42]《关于同意吉林省伪皇宫陈列馆更名的批复》,2000 年 9 月 25 日。

[43]《关于成立伪满皇宫管理局的通知》,2000 年 9 月 27 日。

[44]《伪满皇宫恢复保护利用策划方案征求意见会召开》,伪满皇宫博物院简讯,2001 年 1 月 17 日。

[45]《占月昌副书记到伪满皇宫博物院现场办公》,伪满皇宫博物院简讯,2001 年 5 月 14 日。

[46]《市政府就伪满皇宫保护利用规划和抢救复原工作情况向省政协做专题汇报》,伪满皇宫博物院简讯,2001 年 8 月 1 日。

[47]《关于长春伪满皇宫保护恢复利用规划的意见》,国家文物局,文物保函 96 号,2002 年。

[48]《国家文物局副局长董保华来伪满皇宫考察》,伪满皇宫博物院简讯,2002 年 8 月 14 日。

[49]《王云坤书记亲临伪满皇宫视察》,伪满皇宫博物院简讯,2002 年 8 月 22 日。

[50]《李锦斌副省长来伪满皇宫视察》,伪满皇宫博物院简讯,2002 年 9 月 19 日。

[51]《洪虎省长再次到伪满皇宫视察》,伪满皇宫博物院简讯,2002 年 9 月 30 日。

[52]《关于加强对城市优秀近现代建筑规划保护的指导意见》通知,建规 36 号,2004 年。

[53]建设部第 22 次常务会议审议通过《城市紫线管理办法》,2004 年。

[54]《市政府专题会议纪要》第 62 次,2004 年 9 月 9 日。

[55]《长春市规划局拟请长春人民政府公布保护第一批历史建筑》,2006 年。

[56]《长春市“十一五”旅游业发展规划》,2006 年 3 月。

[57]长春市人民代表大会常务委员会《关于加强历史建筑和历史文化街区保护的决议》,2007 年 10 月。

[58]《历史文化名城名镇名村保护条例》, 2008 年。

[59]《长春市人民政府公布保护(第一批)历史建筑名录》,2008 年 9 月 14 日。

[60]《长春市“十二五”旅游业发展规划》,2010 年 12 月。

[61]《长春市人民政府关于公布长春市第八批市级文物保护单位保护范围和建设控制地带的通知》,长府发 24 号,2011 年。

[62]长春市人大常务委员会《长春市历史文化街区和历史建筑保护条例》,2012 年。

[63]《国家文物局关于伪满皇宫及日伪军政机构旧址文物保护规划编制立项的批复》,文物保函 1066 号,2013 年。

[64]《长春市“十三五”旅游业发展规划》,2016 年 4 月。

[65]《国家文物局关于在伪满皇宫及日伪军政机构旧址——伪满皇宫旧址建设地下文物库房及展示场馆的批复》,文物保函 1589 号,2016 年。

[66]《中华人民共和国文物保护法》,2017 年修正本。

[67]《国务院关于长春市城市总体规划的批复》,国函 87 号,2017 年。

## 图书

[68]吉林省文物志编委会编:《长春市文物志》,内部资料,1987 年。

[69]吉林省地方志编纂委员会编:《吉林省志·卷四十三·文物志》,吉林人民出版社,1991 年版。

[70]梁伟主编:《长春集萃》,吉林摄影出版社,1994 年版。

[71]长春政协文史委编:《长春二百年》,吉林省内部资料出版物,2000 年。

[72]于志国:《吉林省优秀导游词精选》,吉林人民出版社,2004 年版。

[73]顾军、苑利:《文化遗产报告——世界文化遗产保护运动的理论与实践》,社会科学文献出版社,2005 年版。

[74]朱晓明:《当代英国建筑遗产保护》,同济大学出版社,2007 年版。

[75]大里浩秋、貴志俊彦、孫安石:《中国・朝鮮における租界の歴史と建築遺産》,御茶の水書房,2010 年版。

[76]越泽明著,欧硕译:《伪满洲国首都规划》,社会科学文献出版社,2011 年版。

[77]吕钦文:《长春,伪满洲国那些事》,吉林出版集团、吉林文史出版社,2011 年版。

[78]长春市规划局编:《长春规划十年 2003—2012》,辽宁科学技术出版社,2013 年版。

[79]长春市地方志编纂委员会、长春年鉴编纂委员会编:《长春年鉴》,吉林人民出版社,2010—2013 年版。

[80]长春文史资料编委会编:《长春国保文物集萃——长春市国保文物八处十八项简介》,内部资料,2015 年。

[81]长春市政协文史资料委员会编:《长春市建国初期文史资料(1948—1957)长春 1945》,内部资料,2016 年。

[82]张复合、刘亦师:《中国近代建筑遗产研究与保护(十)》,清华大学出版社,2016 年版。

[83]段义孚:《恋地情结》,商务印书馆,2018 年版。

[84]长春市规划局编:《幸福都市专辑:长春国家历史文化名城》,吉林摄影出版社,2018 年版。

[85]长春市规划局、长春市城乡规划设计研究院编:《长春历史文化名城保护建筑测绘图集第Ⅰ集》,长春出版社,2019 年版。

[86]长春市规划局、长春市城乡规划设计研究院编:《长春——中国历史文化名城》,长春出版社,2019 年版。

[87]宗明:《这里是上海:建筑可阅读》,上海人民出版社,2020 年版。

[88]李茂杰:《论从皇帝到公民展览内容设计的几个问题》,《伪皇宫陈列馆年鉴》,1985 年。

## 报刊

[89]魏小安等:《增长与波动:80 年代的世界国际旅游业》,《旅游学刊》,1990 年第 5 卷第 3 期。

[90]耒新夏:《有关天津租界的书》,《书城》,1997 年第 3 期。

[91]焦怡雪:《英国历史文化遗产保护中的民间团体》,《规划师》,2002 年第 18 卷第 5 期。

[92]王艳平:《关于对殖民建筑遗产性的教学讨论》,《旅游学刊》,2005 年第 1 期。

[93]莫畏、侯幼彬、张成龙:《长春伪满洲国"新京"建筑样式》,《新建筑》,2007 年第 5 期。

[94]崔煜、莫畏:《长春近代城市规划历史分期研究》,《吉林建筑工程学院学报》,2012 年第 29 卷第 1 期。

[95]李星建、李敏:《一座历尽沧桑的旅馆》,《文史春秋》,2012 年第 9 期。

[96]杨丽霞:《英国文化遗产保护管理制度发展史》,《中国文物科学研究》,2012 年第 1 期。

[97]李冈原、王黎:《英国公民社会与文物古迹保护的探析》,《历史教学》(下半月刊),2013 年第 3 期。

[98]韩冬:《租界与近代天津基础设施建设的特点与社会影响》,《历史教学》,2015 年第 1 期。

[99]徐苏斌、李天:《统治机器与文化符号——天津租界八国兵营建筑研究》,《建筑与文化》,2015 年第 3 期。

[100]乔鑫、郑颖:《天津旧租界区路网形态变迁解析》,《建筑与文化》,2016 年第 2 期。

[101]邓婧蓉、青木信夫、郑颖:《天津原日租界区街廓形态研究》,《建筑与文化》,2016 年第 2 期。

[102]金磊:《〈中国 20 世纪建筑遗产保护条例〉编研思考》,《上海城市管理》,2016 年第 4 期。

[103]毛晨悦:《从天津维多利亚公园 Victoria Park 看租界公园的转型》,《艺术科技》,2016 年第 10 期。

[104]杨明:《对殖民建筑保护利用的思考——以天津为例》,《城市建筑研究》,2016 年第 11 期。

[105]车亮亮、韩雪、李悦铮、俞金国:《近代建筑文化景观形成演化与旅游开发研究——以大连旅顺太阳沟为例》,《世界地理研究》,2017 年第 5 期。

[106]冯倩、杨青山、刘鉴、江孝君:《1800—1945 年长春市街道命名的文化政治——基于葛兰西霸权理论的视角》,《人文地理》,2019 年第 4 期。

[107]金磊:《中国 20 世纪建筑遗产传承创新发展倡言解析》,《建筑》,2020 年第 3 期。

[108]周星:《中国东北地区殖民地建筑的"文物化"及旅游资源化》,《遗产》,2020 年第 2 期。

[109]侯实:《基于核心价值的历史地段价值阐释方法——"徐家汇"案例的启示》,《东南文化》,2020 年第 6 期。

[110]金磊:《建筑遗产保护已迫在眉睫——〈20 世纪建筑遗产保护办法的马德里文件 2011〉的启示》,《中国艺术报》,2013 年 10 月 11 日。

[111]刘阳:《20 世纪能留下多少世纪遗产》,《人民日报》(海外版),2019 年 9 月 18 日。

[112]《伪满皇宫建成世界知名旅游休闲景区》,《长春日报》,2004 年 8 月 10 日。

[113]《伪皇宫要做长春最大人文景点》,《东亚经贸新闻》,2004 年 8 月 10 日。

[114]《迁塔能解决广场交通拥堵吗》,《新文化报》,2006 年 2 月 11 日。

[115]《伪满皇宫三期改造工程启动》,《长春晚报》,2007 年 3 月 29 日。

[116]《4.5 秒拉开文物保护序幕——专家点评:凸显政府对历史文化的尊重》,《城市晚报》,2007 年 3 月 29 日。

[117]《鼓浪屿申遗,靠什么》,《环球时报》,2017 年 7 月 10 日。

**论文**

[118]罗朝霞:《城市居民对旅游社会文化影响的感知研究——以宁镇扬为例》,南京师范大学硕士论文,2005 年。

[119]张柱:《租界与天津城市化研究:1860—1937》,南开大学硕士学位论文,2006 年。

[120]胡庆:《汉口租界近代建筑研究——以临青岛路四街区近代建筑为例》,华中科技大学硕士学位论文,2007 年。

[121]方梦翌:《后殖民主义视角下的城市空间文化殖民思辨》,浙江大学硕士论文,2017 年。

[122]王晓玲:《长春市伪满时期文化遗产(建筑群)考察》,吉林大学硕士论文,2018 年。

[123]加藤有紗、押田佳子、町田拓也:《近代建築遺産ツーリズムを用いた戦後モダニズム建築の保存と活用効果に関する研究》,日本観光研究学会全国大会学術論文集 33,2018 年 12 月。

[124]堀内絢子:《ヘルシンキ市の都市計画による二十世紀建築遺産保護に関する考察－－フィンランドにおける二十世紀建築遺産保護に関する研究(その3)》,日本建築学会計画系論文集,2010 年。

[125]刘敏:《天津建筑遗产保护公众参与机制与实践研究》,天津大学博士论文,2012 年。

[126]黎子铭:《优秀近代建筑保护管理立法建议研究》,华南理工大学硕士论文,2012 年。

[127]刘磊:《长春近代官邸建筑保护与修缮设计研究——以长春市天津路 3 号为例》,吉林建筑大学硕士学位论文,2019 年。

[128]颜祥楠:《长春市规划历史中的文化对当代城市影响发展研究》,吉林建筑大学硕士学位论文,2020 年。

## 其他

[129]《侵华日军七三一部队细菌战展解说词》,1984 年。

[130]《缉熙楼复原陈列解说词》,1989 年。

[131]《从皇帝到公民》展览解说词,1989 年。

[132]《伪满皇宫参观指南》宣传册,1995 年 4 月。

[133]《伪满皇宫博物院旅游形象定位语》,2006 年 8 月。

[134]《长春旅游推介稿》,长春市旅游局,2011 年。

[135]《2012 年度“中国历史文化名街”评选推介申报》,2012 年 2 月 13 日。

[136]《哈尔滨文化旅游局推出的宣传帖——欧陆风情之旅》,哈尔滨文旅局宣,2014 年。

[137]《青岛德国监狱旧址博物馆简介》,青岛文旅局宣,2019 年。

[138]《建筑可阅读》活动,上海文旅局官网,2021 年 2 月。

[139]《武康大楼》介绍及宣传,2021 年。

# 后　　记

2020 年 11 月，伪满皇宫博物院为落实长春市委及文广旅局“深入挖掘长春优秀传统文化、传承红色基因，做好伪满建筑等历史文化遗产的文化挖掘和内容阐释”的工作部署，组建“长春近现代历史建筑价值阐释及话语表述更新研究”课题组。课题组项目责任人王志强，项目组组长张朝阳、副组长宋伟宏，项目组成员陈宏、杨宇、李红、赵士见、宋绍红、刘杨。课题组经过半年多的时间，收集整理了大量的文献资料，并开展了问卷调查，对多个城市进行了广泛的调研和分析研究，最终形成《长春历史建筑价值阐释及话语体系建构研究报告》。本书是在该报告文本的基础上进行了多次的扩展和补充，从原来的 5 万字扩充到现在的 10 万字，并增加了大量的相关图片和说明，最后以图文并茂的形式撰写而成。

本书凝聚着院领导和课题组成员的共同心血。在王志强院长的领导和选题策划下，特别是张朝阳副院长作为本书整体撰稿人，对本书进行了多次通盘的调整修改，可以说是进行了一次再加工创作。大家本着对家乡热爱、对历史负责的态度，用了一年的时间，经过不断修改，认真打磨，最终不负使命完成了本书。

本书由王志强院长选题策划及指导，前言由王志强院长撰写，总撰稿、总审、结语由张朝阳副院长承担；第一、二章由李红、杨宇撰写；第三、四章由张朝阳、宋伟宏撰写；第五章由张朝阳、赵士见、宋伟宏撰写；附录一、二、三、四由李红撰写；附录五、六调查问卷统计及分析报告由陈宏撰写；李红、宋绍红承担了相关资料的收集整理工作，刘杨承担了本书的编务工作。

在本书查阅文献史料的过程中，得到了许多兄弟单位领导和同事的大力支持和帮助，感谢长春市档案馆二级巡视员赵欣老师和长春市城乡规划设计研究院房友良老师给予的大力支持，感谢《长春日报》记者赵娟、武官正老师，感谢“踏查长春”团队的刘仲伟、赵炳清、李春昌、于占成老师，感谢我院摄影师张立宪、何敬卫、杨铭等老师提供的精美摄影作品。

由于时间所限，以及档案资料的不足和我们研究水平的有限，本书存在的疏漏和不足，敬请各位专家、领导批评指正。

2022 年 9 月